ムロ本、

ムロツヨシ

目次

ムロツヨシ、——序章的な——007
数、ある記憶の中から——自伝的な——025
ムロツヨシ×新井浩文　対談——［人間・ムロツヨシについて］——101
福田雄一　インタビュー——［役者・ムロツヨシについて］——153
どっか、の台本——シナリオ集的な——177

どっか、の台本・本人解説集 ―― 340
若葉竜也×永野宗典×本多力 鼎談 ――〔演出・ムロツヨシについて〕―― 343
ムロツヨシ インタビュー ― 独り語り的な ― 379

※この本は雑誌『プラスアクト』における
連載を中心に新たな内容を加えまとめたものです。
年令などの表記は連載当時のものに沿っています。

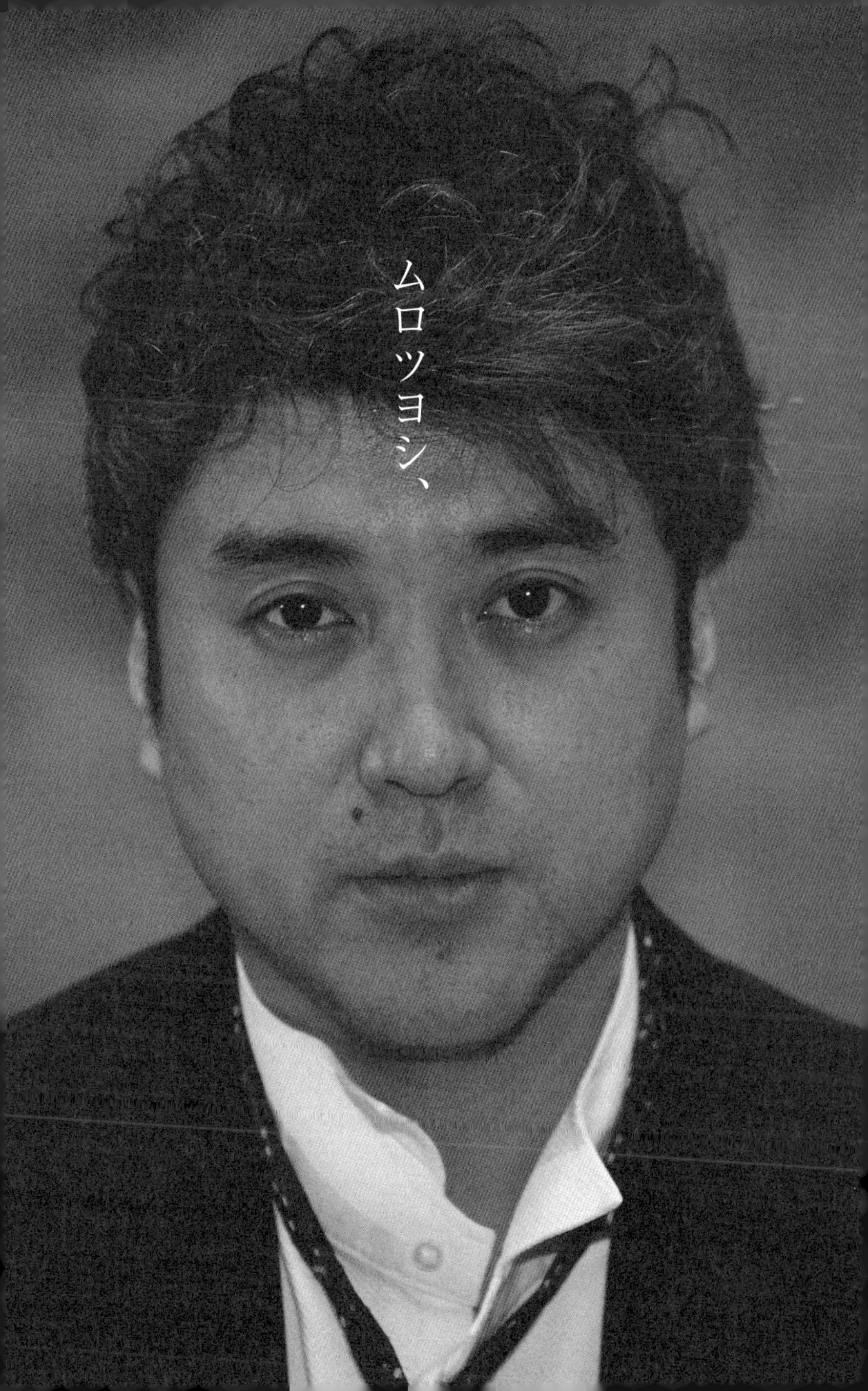
ムロツヨシ、

【1】

ムロツヨシ

1976年1月23日生まれ。

19歳、役者を志し、養成所へ。

養成所を卒業してからを芸歴の始まりとして、役者ムロツヨシとしては、この年で20歳。

これを読んでもらえてる時が無事きているならば、〝自分が40歳〟でも役者をやれて〝ムロツヨシが20歳〟になれた、ことになる。

気づけば、自分の人生の半分がムロツヨシになったし、これからは、ムロツヨシの人生が多くなっていく。なっていくために、やるべきこと。

続ける、しかないなと。

19のときに、悩んで考えて出した答え。

本業以外の時給制の仕事ばかりしていた20代。

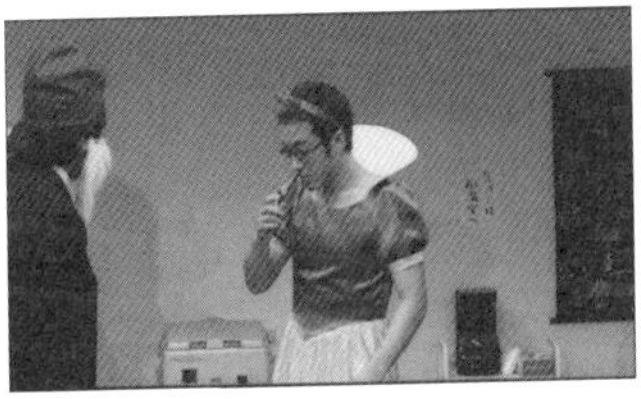

やりたい舞台をやりたいように作ろう、と決めた32歳。

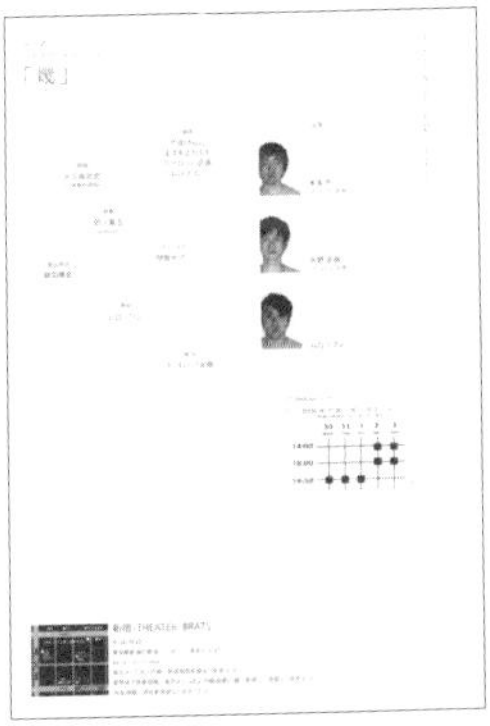

余計な芝居を選択した30代。

こいつらのお陰で、今の歳がありますから。
この〝こいつら〟に〝この歳〟がはいるよう、
50、60まで役者やれるよう、

続ける、しかないなと。

だから、この歳、ひとつ無茶をしようと決めました。
この歳、ひと無茶。
間もなくにお知らせします。

このような文章、この場をお借りしましたこと、
申し訳ありません。

そして、
40歳、20歳になりました。
関わってくれた全ての方たちへ。

【2】

ムロツヨシ、の休日

２０１６年2月21日19時57分
マネージャーさんからメール、
〈明日、プラスアクトの締め切りです。〉

なるほど、参った、覚えてたようで忘れてた。
どうするか、、、

最近のこの連載は、ルールを決めず内容は自由
という、ルール。
自由というルールにすでに縛られて、何も思いつかず。
そして気づく。

明日は仕事が休み。休み。休み。

思いつく。

休みの日を書こう。よし、今回はこれでいこう。

ということで、

『ムロツヨシ、の休日』

20時05分　よし、温泉だ。
20時20分　ということで、家を出る。
21時12分　東京駅に辿り着く。

21時39分

21時50分

そして、以前、仕事で行き、もう少しゆっくり
したかったここに。

23時25分

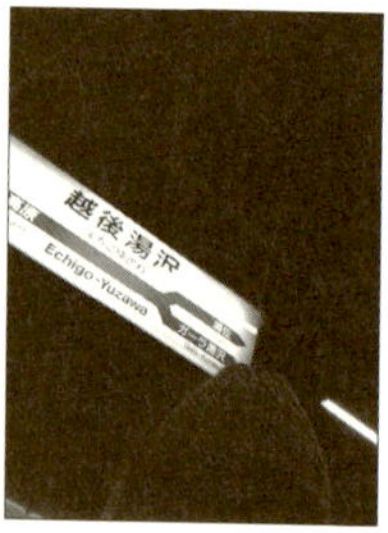

そして、旅館へ飛び込み、

23時35分　温泉。いい行動力だ。そして、長湯。
プラスアクトに私の入浴写真はいらない。

0時20分　部屋に戻り、明日何をするか、ひと
り会議。

0時33分　よし、あれをしよう。やってる飲み
屋もないので、ひとり缶ビール。早起き休日を
約束し就寝。

8時00分　目覚まし時計の攻撃。逃げるように、

朝風呂、朝温泉。

8時50分　新潟のお米の朝ご飯。美味し。写真とりわすれ。

9時28分　覚悟を決め、行動開始。いろいろ、準備、レンタルやら購入しまして、

10時03分

趣味でもないスキー。思いつきスキー。ひとりスキー。もうそれは、間にあわせスキーヤー。偽者スキーヤー。ニット帽はギリ私物。あとはレンタルと、安く買ったUVカットもないサングラス。せっかくなので、滑る。実力はここであかすことではない。

12時37分

昼食。なぜかメニューにラーメンがなくて、チャーシュー麺はある。のでチャーシュー麺。

13時03分　昼食を終えまだ滑ろうと思い、ス

キーブーツを履くためベンチへ。先に親子が座っていたので、「失礼します」と言い座る。すると子供「失礼します」と私に言う。どうやら気に入ったらしい。私も負けない「失礼します」子供「失礼します」私「失礼します」子供「失礼します」ここで父「、、うん、うん、失礼しなくていい」母「マネしないの」子供「いっぱい食べた?」私「、、、はい」子供は私の頭を撫でて「失礼します」父も母も困惑していたが、私「ありがとうございます」やはり、家に籠っていては何も起こらない。外に出れば、こんな失礼します体験が起こるものだ、と我ながら自分の行動力を褒める。

15時55分　滑り倒すも、午後は滑れば滑るほど、下手になっていく。スキーの深さを思い知ったところで、スキー終える。

16時03分

レンタルのスキーウェアなどを返して、あえて半袖で辺りをウロウロする。俺だいぶスキーやって、体も火照ってるので、雪山もＴシャツで歩いちゃいますアピール。

16時10分　もちろん温泉。だいぶ長湯。プラスアクトに私の入浴写真はいらない。

18時21分　新幹線。

19時40分　東京駅。

20時23分　家に到着。なかなかの24時間。そして、これを書いている。

『ムロツヨシ、の休日』終わる。

書き終えて思う。
休日はすごいアクティブで行動力満載な人間に思われたい原稿である。
普段の休日はこんなことをする人間ではない。書いたこと、あったことは事実だが、ムロツヨシがムロツヨシにやらせたヤラセである。
よって『ムロツヨシ、の休日』はもうやることはないだろう。

しかしこの連載がなければ、この行動力もあのチャーシュー麺もあの子供との攻防もなかった。

プラスアクトに感謝して、今回の原稿は終わりたいと思う。
23時58分　原稿、脱稿。

【3】

マネージャーからメール届く。

〈プラスアクトさんの締め切り、明後日です〉


前回は前日に、今回は2日前に。

なぜ彼は締め切りをもっと早く言わないのか。

次は3日前に言うつもりなのだろうか?

どうでもいいが、締め切りを覚えない自分が一番いけない。

そして、締め切りを事前に言われてもギリギリになってからしかやらない、夏休みの宿題方式を採用してるので、マネージャーを責める資格はない。


ということで、今日の連載は、鍋のレシピをやることにした。

なにが、ということで、なのかわからないが、締め切りを言われた日に鍋をやることになっていたので、ということで、という流れです。

ということで、

『ムロしゃぶ、のレシピ』

1、好きな土鍋を用意しましょう

これは木村カエラちゃんから誕生日プレゼントでもらったもの。これを言うと一緒に食べる人

間も「え！　すごい」となり、多少まずいものを食べさせても、なぜか美味しく感じるという、present from 木村カエラ風味を醸し出す。

2、出汁《だし》をつくりましょう

昆布を、入れるだけ。簡単すぎて、簡単以上の言葉が欲しいくらいである。
ただ、以前、昆布を入れずに食べてみたところ、大して変わらなかったことが判明。でもやはり、「え、出汁ってなんかやってるんですか？」の質問になにかしら答えたい鍋奉行を目指すのであれば、昆布を入れましょう。

3、それでは、あいつに火をつけて

深夜ドラマのようなタイトルでいいですね。で、火をつけましたら、

4、ここが大きなポイント

ピーラーで大根を。これを大量に。これがムロしゃぶの一番のポイント。

5、好きな豚肉を入れましょう

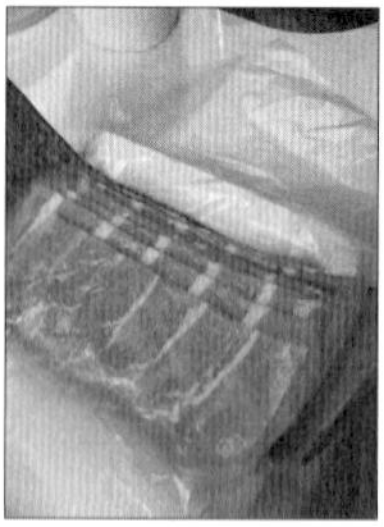

わたしが一番好きな豚肉。トウキョウX、ふざけた名前だと思ったが、美味しい。美味しいとその名前もいい感じに聞こえてくる。トウキョウX、わたしの戦友、孝之山田も好きな豚肉。

6、つけダレをつくりましょう

ムロしゃぶのタレは、ポン酢とゴマだれのハーフアンドハーフ。これ美味し。ぜひ、ハーフアンドハーフという制度が嫌いな方も試して頂きたい。わたしはこの制度が好きで、ピザやカレーでもハーフアンドハーフをしたい男。一番好きなハーフアンドハーフは、生姜焼きとハンバーグの組み合わせの定食。え、それハーフアンドハーフって言わないよね？　という質問は受け付けない。

7、好きな後輩を呼びましょう

左から、シソンヌ長谷川さん、ラバーガール大水さん、アルコ&ピース平子さん。大好物を呼びましょう。ここには福田雄一氏もいたが、なぜか写真がない。大好物だらけの夜。違う夜には、阿佐ヶ谷姉妹さんもやってくるが、今写真がないので、事務所の方、この文章のあとに阿佐ヶ谷姉妹さんの宣材写真を入れてください。

8、とにかく楽しみましょう

ということで、写真をとることも忘れるくらい、楽しむ。嘘しか言わないうるさい平子をやり過ごし、長谷川をキレさせて遊び、緑茶割男《りょくちゃわりお》という訳のわからないあだ名がその日についた大水に肩パンし、ウチのソファを独り占めして横たわる福田雄一を眺めながら、飲む。

初めて明かしたレシピです。最後、寂しく終わりましたが、次の日にまた違う人と鍋やったので大丈夫です。我ながら、楽しい原稿になりました。

そんな今、締め切りの次の日です。

9、最後に

「片付けしていきますよ」という後輩たちに「いい、いい、大丈夫」とわたし、「いや、洗い物だけでも」という後輩たちに「ほんと、大丈夫だから」とわたし。後輩たちに、そこも気を遣わせない先輩を演じて、後輩たちを帰しましょう。ただ、もう、二、三回しつこく後輩が言ってくれたら、甘えようかなと、思ったことは、後輩たちにバレないように。みんなが帰った後の空の鍋を見て、少し寂しくなったりしたことも、福田雄一にはバレないようにしましょう。

[4]

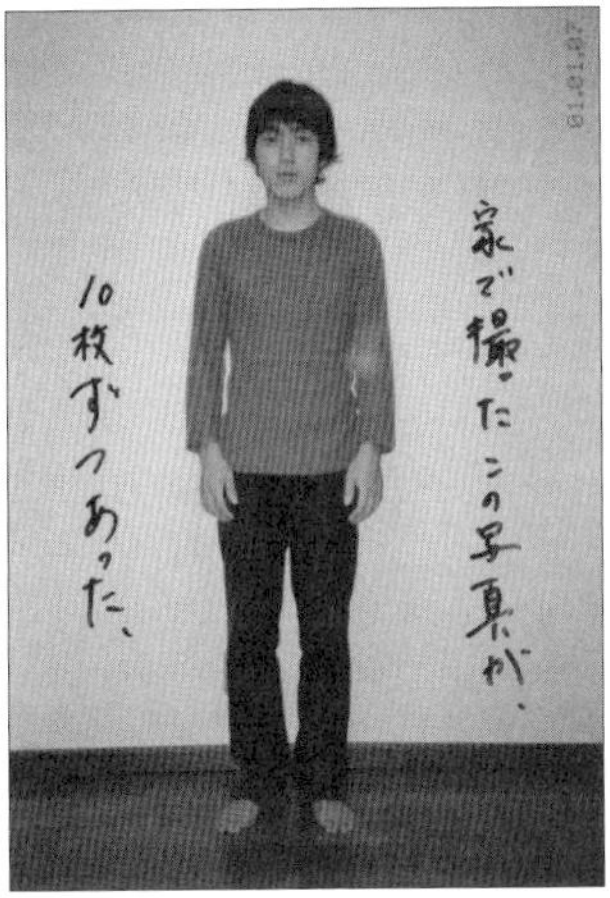
家で撮ったこの写真が、
10枚ずつあった、

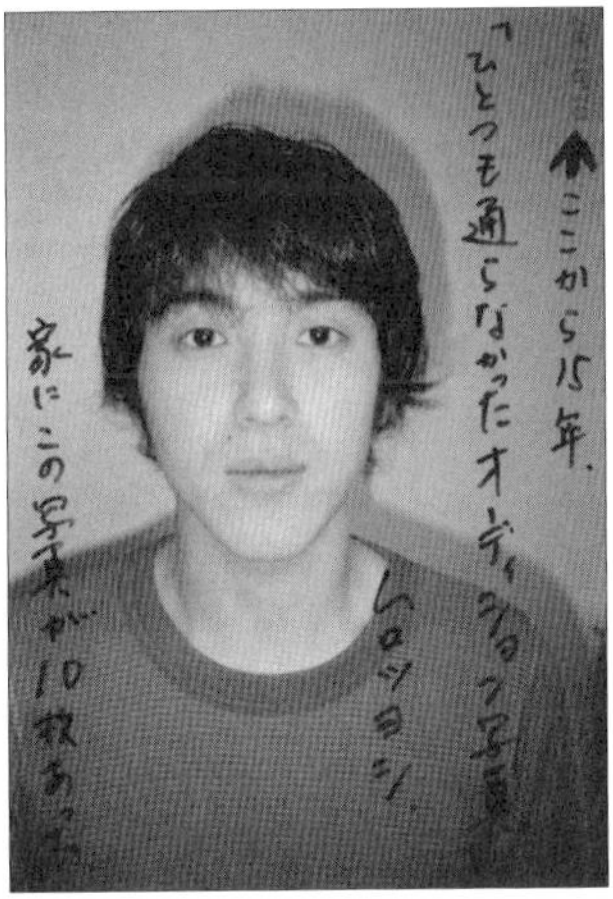
ここから15年、
「ひとつも通らなかったオーディション写真」
家にこの写真が10枚あった

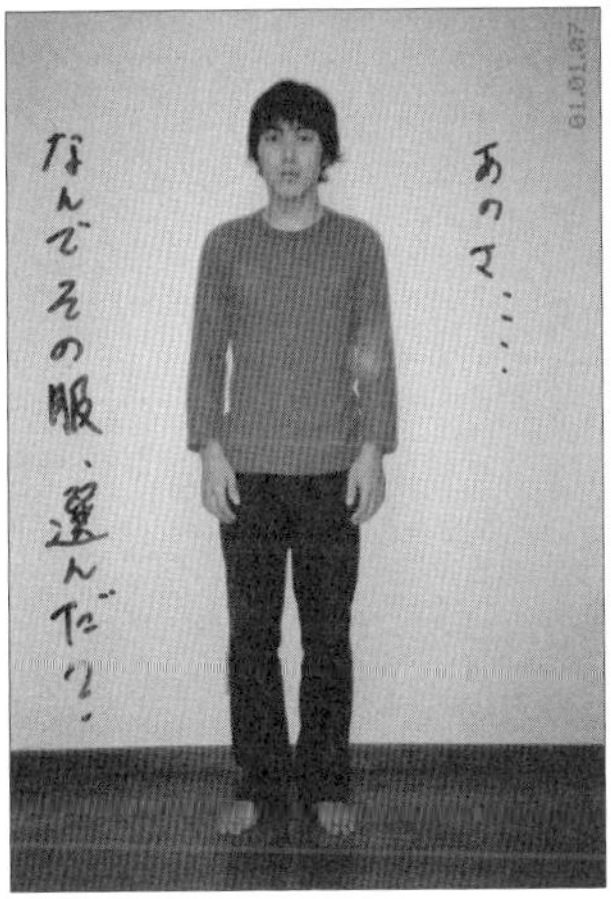
あのさ、、、
なんでその服、選んだの。

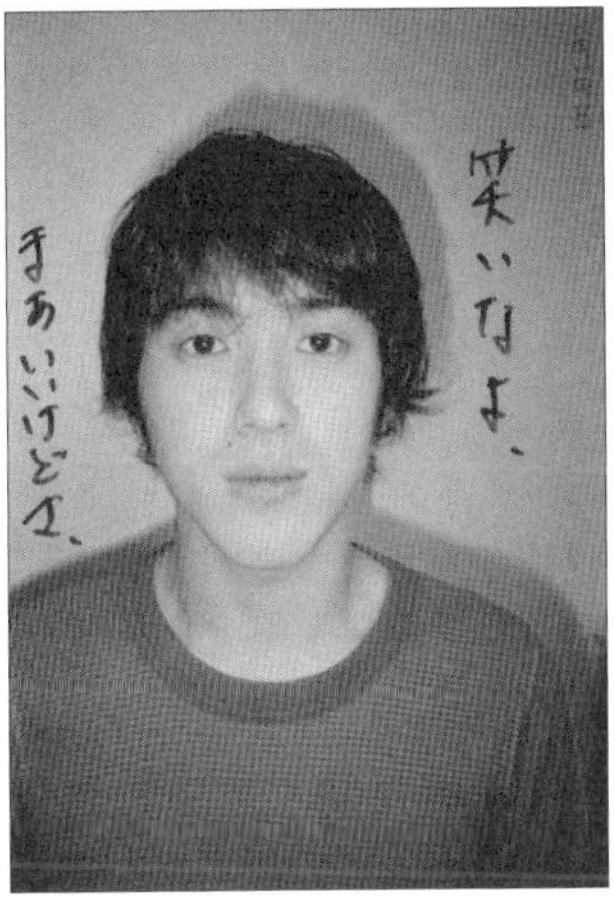
笑いなよ、
まあいいけどさ、

【5】 もっとも過酷な4日間

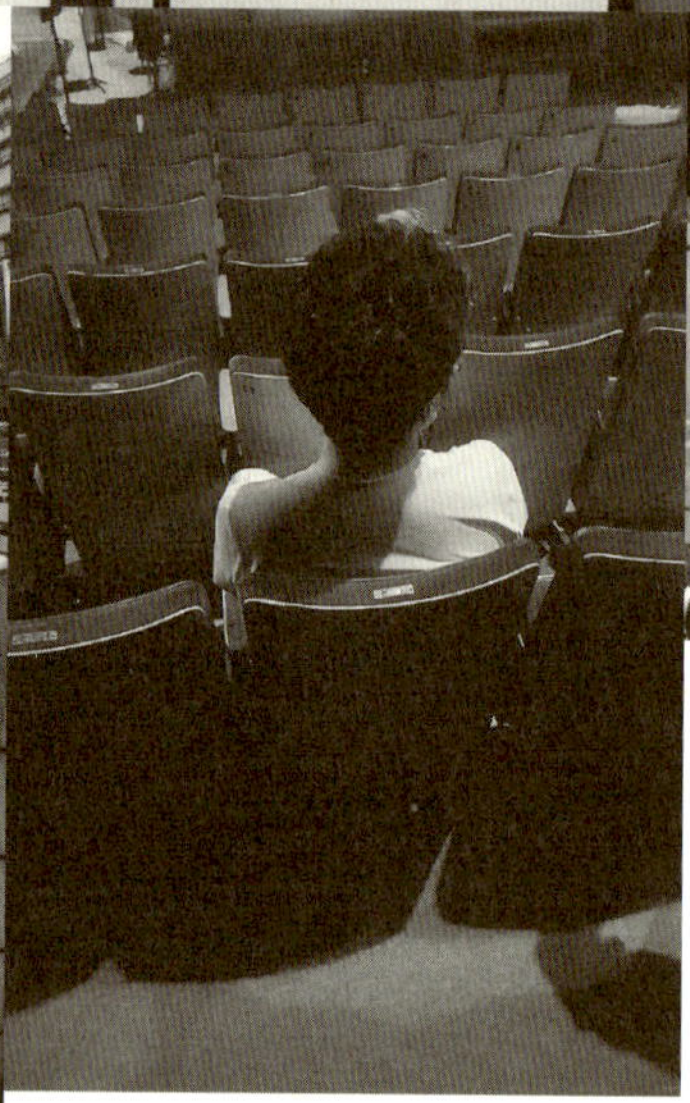

毎年一番きついのが、舞台『muro式.』初日までの4日間である。舞台上のすべての事柄に対して決定、決断していく。やりがいはあるが、怖がり屋が出てきて迷う。まわりにバレないように迷い、みんなにバレてるので、みんなと話し合う。きつくて、そして一番濃い時間。初日の役者ムロツヨシのためにやってやらなきゃならない4日間。感謝しろよ、幕があけたあとのムロツヨシよ、

【6】

『じいちゃん』

ムロツヨシ「一緒に飲んでみたかったなぁ、」

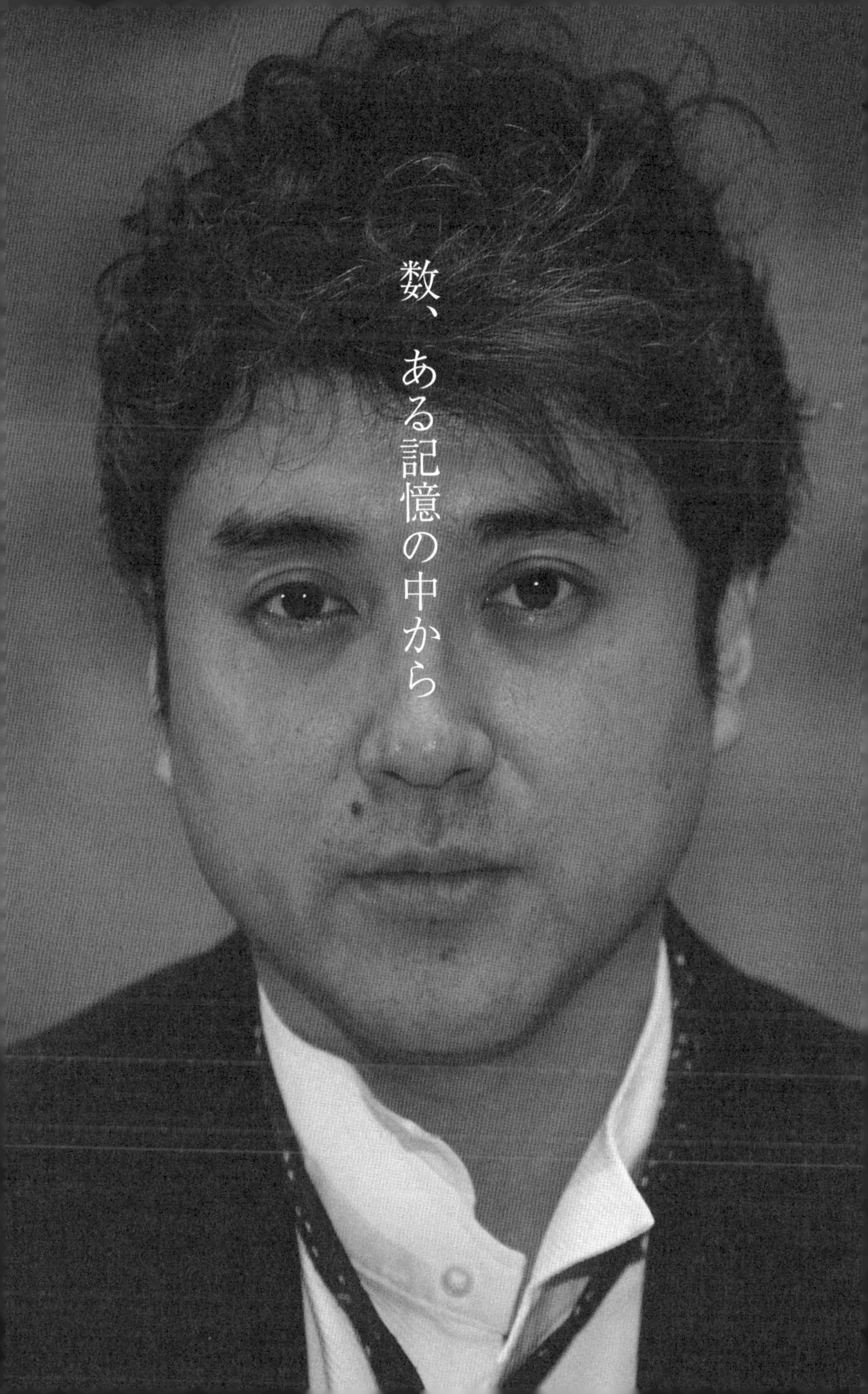
数、ある記憶の中から

【1】

数は記憶を辿ってみた。

もちろん生まれた瞬間など憶えていない。
そこから何年経って、何歳の時からの記憶があるのか。

父親と母親は喧嘩ばかりしていた。
祖母がそれを止めている。
布団を被って、終わるのを待った。
喧嘩が終わると母親が布団に入ってきて笑いかけてくる。
頬に唇をつけてくる。
赤い口紅。
これは4歳ぐらいだろうか、、　曖昧な記憶だ。

祖母が手を繋いでくれていた。踏切で電車が通り過ぎるのを待ちながら。
これも4歳くらいだろうか、、　やはり曖昧な記憶だ。

これらが恐らく数にとって一番古い記憶なのだろう。

〈第1話〉

出演者
数（4）
父親（33）
母親（29）
祖母（54）

『最初の家族』
・家、二階の部屋。夜。
父親「（何かしら叫んで怒っている）」
母親「やめて（泣いている）」
数は布団を被って目を閉じている。
父親「（何かしら叫んで怒っている）」
母親「別れます（泣いている）」
祖母「やめなさい、二人とも」
数は布団を被って目を閉じている。

父親「出てけ！」
母親「出て行くわよ」
祖母「ちょっと！　数がいる前でやめなさいよ！」
祖母の制止を振り切り、母親は大きな鞄に服を詰めていく。
父親「お袋、黙ってろ」
祖母「いい加減になさいよ」
数は布団を被って目を閉じている。
……それから、しばらく、数十分か数時間か経って、
母親「かーず君」
喧嘩が終わった合図だ。

数はここで目を開ける。
母親が布団に入ってきて、
母親「なにしてるのー？」
母親は笑っている。

この時、数はどんな顔をしていたのだろう。

母親が頬に唇をつけてくる。
数はそれが終わると自分の頬をさわってみる。
すると手に赤い口紅がついている。

この時、数はどんな顔をしていたのだろう。

そしてこの時、5つ上の姉はどうしていたのか、
全く思い出せない。
ただ、憶えてるのは、この喧嘩が、しょっちゅう、頻繁に、いっつも、あった、ことである。

・家の前の道。夕方。
祖母と数は手を繋いで歩いている。
家の近くの踏切がカンカン鳴ってしまって閉まっていく。
踏切の前で止まる二人。
電車が通り過ぎる。
踏切を渡る二人。
数は笑っている。

〈続、〉

記憶など辿ってみたものの、やはり曖昧だ。
今の数は思う。

数「笑えるとこないなぁ」
そして、思う。

数「ま、これがフリみたいなもんだしな」

後に笑える準備期間の第1話、と捉えた数は、次の記憶を辿ってみる。

そうしてみると、次の記憶の出演者から、母親が消えている。

親の離婚。

これは、喜劇。

[2]

数は記憶を辿ってみた。

数は古い木造の一軒家にいる。
おじとおばの家。
従姉妹《いとこ》がいる。二人の女の子。
祖母がいる。
祖父がいる。
5つ上の姉もいる。
両親はいない。
古い木造の一軒家に8人の人が住んでいる。
青いトラック。坂道。保育園。
これらが恐らく数にとって二つ目の記憶なのだろう。

〈第2話〉

出演者
数（5）
姉（10）
祖母（55）
祖父（57）
おじ（38）
おば（32）
上の従姉妹、美代（4）
下の従姉妹、志世（2）
父親（34）

『二番目の家族』

・古い木造の一軒家。一階の居間。とある夜。

そこに住んでいる8人が仲良く夜ご飯を食べている。
仲良く話している。

数「、、、、、」

どうして父親はいないのだろう、と数は思う。
どうして母親はいないのだろう、とはなぜか思わず。
8人は仲良く過ごしている。

・一階の居間。とある夕方。

その家の一階の窓から駐車場が見える。
そこに、たまに止まる車がある。
青いトラック。

数の記憶では、青いトラック＝父親という式ができていた。
その夕方も駐車場に青いトラックが入ってきた。

数「、、、、、」

数は父親が来たのが分かって喜んでいる。

・居間。その日の夜。

そこに住んでいる8人と父親が夜ご飯を食べている。

おじ「にいさん、それは違うんだよ」
父親「違わないんだ」

おば「やめなさいよ、もう」
おじ「この子たちのこと考えたらさ」
父親「考えてるよ！」
おじ「考えてないよ」
父親「いいんだよな？　数。な？　な？」
数「、、、、」

数はこの時、しっかりと把握していた。
父親と母親が離婚して、おじとおばに預けられたことを。
父親が子供を引き取って、すぐに預けて、どこかに行ったことを。
いつも8人で仲良く食べている夜ご飯。
その日、9人で食べた夜ご飯は、仲良くなかった。

数「、、、、、、」

でも数は、父親がそこにいる事を、ひとり嬉しく思っていた。

父親「帰るよ」
おじ「ちょっと、にいさん」
おば「話終わってないじゃない」
祖母「全く、もう、、」
父親「帰る」

父親は古い木造の一軒家から出て行く。

数「、、、、」

数は思う。
どこに帰るの？

・家の近く。坂道。

そこの家の周りは坂だらけだった。

坂をのぼったところにある保育園に、数は通っていた。

祖母がいつも送ってくれた。

この時からだろう。

数はおばあちゃん子になっていく。

坂道を、数と祖母は手をつないでのぼっていく。

数は笑っている。

・保育園

保育園に着くと、祖母は手をはなし、
祖母「いっといで」
と言う。

数「、、、、、」

祖母「じゃあね」

数「、、、、、」

数の目に、どんどん溜まっていく水。

祖母が背を向ける。

数、目から溢れ出る。

豪雨のように目から出る水。

そして、恐ろしいほどの大声で、
数「やだ！やだー！　やだ、やだー　や！

　やー！！！」

そこにいる全員が驚いている。

他の子供たちも、親たちも、保育士の人たちも。

ひとり大声で叫び泣いている数を、そこにいる人たちは、どうしたのだろう、と見ている。


祖母は振り返り、近づいて、笑って言う。

祖母「恥ずかしいよ、数。また、夕方に迎えにくるから」
数はまだ叫び、泣く。
数「やだ！　や、や、や！　やだ！」
周りは、寂しがるにも程があるだろうと思っていたと思う。
それはそれは、滑稽に見えただろう。
祖母にも恥をかかせただろう。
祖母は、そして振り返り帰っていく。
数は収まらない。叫び、泣く。
数「やだ！　や！、、、いかないで」
数は保育園に通いだしてから、数ヶ月、これを繰り返した。
祖母の帰る姿が、怖かった。

おばあちゃんまでいなくならないで。

〈続、〉

今の数は思う。
数「だから、笑えるとこないんだよ」
そして、思う。
数「でも、悲しかないんだよなぁ」
もう少ししたら、笑えるとこやってくるだろう、など、またいろいろ思い返し、ふと、
数「姉貴はどーしてたんだ？」
どうしていたんだろう。

とにかく、これは、喜劇。

【3】

オダくん。

オダくんのことを、数は急に思い出した。

高校1年、同じクラスになり出会ったオダくん。

すぐに友人になったオダくん。


たまにオダくんは登校してくると、明らかに元気のない日があった。

理由をきくと、一度目は父親と喧嘩した次の日。

二度目はバイトで貯めたお金でブーツを買いに行き、恐い男にカツアゲされた次の日。

三度目は、、、、高1の秋、、、。


数にとって、この男の記憶はなくならない。

〈第3話〉

出演者
オダ（16）
数（15）

『オダ』

・高校の教室。とある朝。

数は登校して、鞄を机の横にあるフックにかけようとした時、オダくんが登校してきた。

数はいつも通り、声をかけようとした。

数「オダく、、、、」

数は気づいた。

オダくんが元気がない、、、間違いなく！

何度か経験している、オダくん元気ないバージョン。

数は思う。
まず、朝はそっとしておこう。

・高校の教室。その日の昼休み。

数は、このタイミングを狙っていた。
オダくん元気ないバージョンの時は、昼休みにゆっくりと話を聞くものだ。
数は、何気なく、そしていつも通りに話しかけた。

数「オダくん」
オダ「おぅ、数」

明らかなる、オダくん小声バージョン。

こうなると、数は開き直って、単刀直入に疑問を投げることにする。

数「で、、何があったの？」
もう、この言葉で十分である。
しばしの間《ま》のあと、オダくんは、ポツポツ喋りだした。

オダ「うん、、ぁのね、、きのぅ、、、」
オダくんの話はこうだ。

・オダくんの昨日。バイト先のコンビニ。

数の声「昨日、オダくんはバイトだったらしい。
春から始めたそのバイトはもう慣れてきた頃だ」

即席麺を並べるオダくん。
期限が過ぎる弁当をカゴにいれるオダくん。
接客をするオダくん。

数の声「その日も、無難に接客をし、レジで男の客の買う商品を、バーコード読取機にあててピッとなる音を出し、袋に詰めていった」

オダ「2342円になります」
客「はい。あ、領収書お願いします」
オダ「はい。お宛名はどうされますか?」
客「クラタオフィスで。全部カタカナでお願いします」
オダ「了解しました」

オダくん慣れた手つきでレジの下の引き出しから領収書をだし、ペンをとった。
ペンをとり、宛名の欄に言われた名前を書き込むオダくん。

順調だった、、、〝クラタ〟と書き、その後、〝オ〟を書いたその時までは、、、。

この時、事件が起きた。
オダくんのペンが止まった。

オダくんは、突然、、、、、、、、、、、、、、、、、、、〝フィ〟が思い出せなくなった。

数の声「オダくんは、高校1年だ」

でも、オダくんはこの時、どうしても、〝フィ〟が思い出せない。

というか、〝フィ〟ってどういう字だっけ状態である。
数の声「オダくんは、相当焦ったらしい」
ただ、どうしても、〝フィ〟が思い出せない。

客「、、　？」
客にもバレる、奇妙な沈黙。
ただ、オダくんは必死に思い出そうとしている。
〝フィ〟という字を。
客「、、、」
オダ「、、、、」

間、

客「、、、、、」
オダ「、、、、、」

もはや、その間は、明らかなる事件である。
どうしても、思い出せないオダくん。

客「、、、、　？」
オダ「、、、、、。」

数の声「ここで、オダくんは賭けにでた」

ペンを走らせる。
〝クラタオ〟のあとに、、、〝ヒ〟と書いた。
宛名の欄には、、〝クラタオヒス〟の名前。
オダくんにできる、ギリギリの最後の抵抗だった。ただ、、、
客「すみません。オヒスじゃなくてオフィスです」

オダくんの戦いは続く。

最後の抵抗も、通じなかった。

オダ「、、、、、、、あ、はぃ」
客「、、、、、、、」
新しい領収書を出した。

数の声「もはや、オダくんに出来る事は、、、ない」

しばしの間があり、オダくんは観念した。

オダ「ぁのぅ、、、」
客「、、、?」
オダ「〝フィ〟ってどう書くんでしたっけ?」
客「、、、、、」
間、
オダ「、、、、、、」
客「、、、〝フ〟に小さい〝イ〟です」
オダ「、、、ああ!」

数の声「オダくんは、、、〝フィ〟を思い出した」

・教室。昼休み。

オダ「、、、、、」
数「それで、落ち込んでんの?」
オダ「、、、ぅん」
数「そっかぁ」

下を向く、オダくん。
そのオダくんを見る、数。
数は思った。

数の声「コイツ、、、おもしろ過ぎる」

〈終、〉

今の数は思う。

数「オダくん、元気かなぁ」

今、オダくんは大人になって、岩手で家具職人をしている。
今も、友人である。

やはり、これは、喜劇。

【4】

数は歩いてると、目の前をとある猫が横切った。
数は猫を見ると、思い出す猫がいる。

数は記憶を辿ってみた。

数のいつもの通学路。
木造の一軒家に帰る道。
歩く。出会う。ついてくる。困る。
数にとってとある出会いの記憶。

〈第4話〉

出演者
数（7）
祖母（57）
上の従姉妹、美代（6）
下の従姉妹、志世（4）

『7歳での出会い』

・小学校からの帰り道。バス通り。夕方。

数は歩いている。
ひとりで歩いている。
バス、トラック、車たちをよけながら慣れた道を歩いている。
そこに、、見慣れないものを見つける。

数「、、、、ん」
いつもの道に、見慣れない小さな生き物を発見する。

「にゃー、、にゃー、、」小さい声で鳴いている。

7歳の数は初めてこんな小さい猫を見た。

と同時に思う。「危ないな」

ここは、バス通り。多くの車が行き交う。


数は猫に近づいてみた。

「にゃー、にゃー」と、やはり鳴く。全く逃げる様子はない。


数「、、、、」

数に、7歳なりの優しさが発動した。

なでるようなことはせず、猫を抱きかかえる。

そして、、帰り道を、歩き出す。

・帰り道。家近くの坂道。

数は歩く。子猫を抱きながら。
バス通りを、いつも通り何事もなく無事抜けて、
家手前の坂道に入った。

数「、、、、」

数はここで、子猫を放す。

数の優しさ終了。


数はいつも通りに、坂を上りはじめる。

いつもの急坂を、いつも通りただ歩く。

ただいつも通りではないことが起きる。


「にゃー、、にゃー」

後ろで猫が鳴いている。

振り向く数。

すると、子猫が数を見ている。

数「、、、、」
猫「、、、、」

しばし、目が合う、7歳の小学生と子猫。
そして、間。

しかし、数は歩き出す。
しかし、しばらくすると子猫が鳴く。
振り向く数。
そして思う。

なぜ、鳴く？

そんな疑問を持つも、やはり歩き出す。
そしてやはり鳴く子猫。

猫「にゃー、、、」

ここで数は振り向くのをやめてみた。
いつも通り坂道を上り続ける。
しばらく上る。
ある程度上って行くと、鳴き声は聞こえなくなった。
ただ、坂を上る数。

数「、、、、」
ふと、気になったので、振り返る。
すると、、、
猫「、、、、」
結構な近い距離、それはもうすぐそこにいる、子猫。
数「！！！」
初めて口を開く数。
数「だめだよ。ついて来たら」

数は生まれて初めて猫に話しかけていた。
数はそう言ったあと、また歩き出す。

しかし、、、
猫「、、、」
鳴きはしないが、ついて来る子猫。
振り返る数。
数「もう！　来ないでよ！」
と、数は子猫を抱きかかえ、坂道を下る。
下りきったところで、子猫を放し、今度は走って坂を上る数。

数「、、、ハァ、、、、ハァ、、」
そして、坂を上りきった数。
振り向いてみる。
子猫は、さっきの坂を下りきったところで、数を見ている。

しばし子猫を見るが、家路に向かい歩き出す。
坂道を上りきったところで道はほぼ直角に曲がるので、もう子猫は見えない。
歩く数。

数「、、、、、」
歩いてはいるものの、やはり気になる7歳。
気になる7歳は、やはり振り返り道を戻る。
そして、坂道に来てみると、、、
子猫はゆっくりと坂道を上っていた。
そして上っていた子猫は数を見つける。

子猫「！」
子猫は数に向かって走りだす。
が、、子猫の全力疾走を初めて見た数は思う。
遅いな。走るの。

・木造の一軒家。玄関口。

玄関を開けて、数はいつも通りに言う。
数「ただいま」
すると、家にいる祖母がいつも通りやって来る。
祖母「おかえりぃ」
と、数と祖母が玄関で向かい合った瞬間。
祖母「！！！」
数は子猫を抱きかかえていた。
祖母「どうしたの！！！その猫！！！」

かなりの大きい声だったと思う。
祖母なりにすぐ察知したようだ。

数「ついて来た」
祖母「だめよ！　放して来なさい！」
数「うん」

数は言われたまま、子猫を放しに家を出る。

・家近くの空き地。

向き合う7歳と子猫。

数「じゃな」
と、家に戻る数。
しばし歩き、そして振り返ってみる。
予想通り、数を見ている子猫。

数「、、、、にゃー」
猫「、、、、」

7歳と子猫の間には、もはや情ができあがっていた。

・家。

家に戻ると、数は祖母に叱られた。

祖母「だめよ！　生き物拾ってきたら！」
数「うん」
祖母「中途半端に抱きかかえたり、可愛がったりしないの！」
数「うん」
祖母「大変なことなんだよ！　生き物を飼うのは！」
数「うん」
祖母「しつけとかね！　本当に難しいんだよ！」
数「うん」
祖母「情が入ったら、後で辛いことが待ってるんだよ！」
数「、、、うん」

たくさん叱られた。
数は思う。

そんな怒らなくても、、。

・家。晩ご飯。

その日の晩。
祖母そして従姉妹の美代と志世と晩ご飯を食べている、数。
家のすぐ近くから「にゃー」と聞こえてくる。

美代「猫が鳴いてるねー」
志世「ねー」
祖母「、、、、」

祖母は黙っている。

数も黙っている。


「にゃー」

美代「近くにいるんじゃない？」
志世「んー。見たい見たい」
祖母「ほっときなさい！」
少し大きめの祖母の声に少し怖がった美代と志世。
数は黙ってご飯を食べている。

「にゃー」

子猫の鳴き声は、やまなかった。

・その後。

後から聞いたところ、祖母はその夜、鳴き止まない子猫にご飯をあげに行っていたらしい。

そして、覚悟していたらしい。

この子猫を飼うことになることを。

数が抱きかかえてきた時に、すでにそうなると分かってたらしい。

祖母のその勘は、もちろん当たる。

数日後、子猫は家族の一員となる。

三毛猫のその子猫は〝タマ〟と名付けられた。


しかし、数は従姉妹たちと〝タマ〟で遊ぶだけ。

しつけは祖母がやってくれていた。

何度も〝タマ〟を叱り、トイレの場所を覚えさせた。

なにか粗相をしたら、容赦なくひっぱたき、表に放り出した。
〝タマ〟は数と同様、祖母に育てられた。
〝タマ〟は兄弟になっていく。

そして、数年後、数は思い知る。
祖母の言った「後で辛い事が待っている」
その言葉の意味を知る。

〈続、〉

今の数は思う。

数「三毛猫だから〝タマ〟って、、。サザエさん
　からだろうけども、、」

そして思う。

数「ネーミングセンス、全くないな」
と、笑うもふと、笑みが消える。

〝後で辛い事が待っている〟からだ。

それは何か、、、。
それは次回にまわすとして、、、。
7歳と子猫がたまたま出会っての、、、。

これは、喜劇。

【5】


数は引っ越し作業をしている。

そろそろ〝いい歳〟になった数は、ワンルームからの卒業を決意したのだ。

にも拘らず、作業ははかどらない。飽きている、作業に。

〝いい歳〟にも拘らず。

ふと手を止め、、、数は記憶を辿ってみた。

ずっと一緒に暮らした家族の解散。

おじ、おば、従姉妹たちとの、別々の引っ越し。

数にとってとある別れの記憶。


〈第5話〉

出演者
数（11）
祖母（61）
おば（38）

『11歳、後悔の別れ』


数の父親の再婚が決まり、おばの家族とは別々に数は父親のもとへ、祖母と引っ越す事となった。

同じ町内ではあるが、4歳から育ててくれたおば、そして従姉妹たちとは離れて暮らすことに。

そんな引っ越し作業もほとんど終わりにさしかかった、日曜日。

7歳から4年間一緒に住んでいる、三毛猫のタマとじゃれている時だった。

おば「数も行くんでしょ？」

そう言われて、体が固まった。

数と祖母の引っ越し先も、おば家族の引っ越し先も、アパート。

ペットは禁止の引っ越し先。

その日曜日は、数の知らない人の所へ行くことは決まっていた。

タマを引き取ってくれる、知らない人の所へ。

11歳の子供なりに、これからタマと一緒に住む事は出来ないことはわかっていた。

数「、、、うん」

なんとか、首を縦に動かした。


タマを叱りながらも、しっかりしつけた祖母は、、、ほとんど終わった引っ越し作業を、終わってないかのように手を動かしていた。

、、、、タマを見ないように、、、、。

数「おばあちゃん、行ってくるね」

祖母「はいよ」

祖母は、ずっと手を動かしていた。

やはりこちらを見ずに。

そして、おばがいつも乗るボックス型の軽自動車の後ろ、荷物を入れる場所に、数はタマを抱えて、乗り込んだ。

数がこの車に乗る時は、この場所と決まっている。

車が動き出す。

祖母は、見送りに表に出てこなかった。

走る車の中、おばは察して話しかけてこなかった。
静かな車中だった。

知らない家に着いた。
車を降りると、知らない人が迎えてくれた。
知らない笑顔で。

そして、おばと知らない人は何か話し始めた。
知らない会話をしていた。
そして、、、
おば「数、ほら。紹介して」
数「、、、、」
なにも、言葉はでなかった。
おばは苦笑いして、
おば「もう、、、しょうがないねぇ」
数「、、、、」

そして、知らない人が話しかけてきた。
「ちゃあんと、可愛がるからね。私、猫ちゃんたくさん飼ってるの。安心して」
笑って言った。
やはり、知らない笑顔だった。

そして、知らない人は、数の手からタマを離し、自分の腕の中へ抱え込んだ。

おば「数、帰ろう」
おばが、そう言った時だった。

「にゃーーー！！　にゃーーーー！！ー」

タマが鳴き始めた。
知らない人の腕の中から出ようと、もがき、そして、、、叫んでいた。

おばは、まずいと思ったのだろう。
おば「いくよ」
少し強い言い方で言い、数を車に乗せた。
乗せられた数は、タマを見るしかなかった。
タマは叫び続けていた。
おばは、その声を聞かないように、車を走らせた。
おばも、辛い。

数は動いた車の中からも、タマを見ていた。
タマは、ずっと、もがいていた。

走る車の中、おばは少しでも雰囲気を変えようと、話しかけてきた。
おば「一緒にいさせてやりたいんだけど」
数は、普通の会話と同じように返事をしてみせた。
数「うん」
しかし、ボロ泣きだった。
11歳なりに、なんとかボロ泣きを隠し、運転席のおばにバレないよう、
普通のトーンで返事をしてみせた。
おば「でも、あそこに行けば会えるから」
数「うん」
おば「ね？」
数「うん」

ボロボロ、涙が止まらなかった。
タマがもがく姿が頭から離れなかった。
声を出さず、ボロボロ泣いた。

帰ると、祖母が迎えてくれた。

ずっと知ってる笑顔で。


そして、申し訳なさそうに言った。

祖母「悪いことしたねぇ」

タマを育て、一番可愛がったのは、祖母だ。


その1週間後、、、引っ越しも終わった頃、おばから電話がかかってきた。

知らない人のところから、タマが逃げた。

知らない人が謝っていた。

もしかして、ずっと住んだあの木造の一軒家に帰ったのではないか。

今度、探しにいくかい？

次の日、木造の一軒家の周りをみんなで探したが、タマはいなかった。

祖母は、申し訳なさそうに言った。
祖母「悪いことしたねぇ」

この前は、タマに向けられたと思われたその台詞が今は、自分に向けられてるように感じた。

タマを拾ってくれた時に、

「だめよ！　情が入ったら、後で辛いことが待ってるんだよ！」

と、怒った祖母。


タマがいなくなった、今、祖母の言う通りだった。

数は、辛かった。

言う通りになった祖母は、その時、数に謝っていた。

これは、喜劇。

「悪いことしたねぇ」

〈続、〉

今の数は思う。

「本当に言う通りだったなぁ」

そして思う。

「あれから、ペットとか考えないもんなぁ」

もし一緒に住むことがあれば、見届ける覚悟も持たないといけないことを教わった。

教わっていた。

〝後悔の別れ〟から教わった、覚悟。

たかが4年間、されど4年間の少年と猫の時間があったりする、そんな、、、

【6】

数は料理をしていた。

炒めもの程度だが、たまに作ることもある。

玉葱を切っていたところ、包丁が指にまあまあの角度で触れた。

指が切れた。そしてまあまあ血が出てきた。

痛い。まあまあ痛い。

血が出て痛いと、ふと思い出す。


数は記憶を辿ってみた。


殴られる。唇が貫通。生まれて初めての救急病院。で、縫う。

数にとってとある痛い記憶。


〈第6話〉

出演者
数（16）
医者（?）

『縫い』


高校1年の秋、夜のこと、些細な言い合いから喧嘩になり、相手の右ストレートが見事に炸裂。

数は、殴られると膝から落ちる。

全く喧嘩慣れしてない数にとっては当然の結果である。

ただ今回の話は、喧嘩の理由や相手は大事ではない。

ここからが、本筋である。

膝から落ちた数は、地面にしたたる血がみえた。
そして、どんどんしたたる。
もはや、したたるという表現では間違いであろう、したたりである。
そして、そばにいた友人がすぐに喧嘩をとめ、タクシーで救急病院へと運んでくれた。
タクシーで数は気づいた。

口を閉じて、息をだすと、、、唇の左側から、息がでる。
殴られて、拳が八重歯にあたり、唇左側が見事に貫通してるのだ。

数は思う。
参ったなぁ、、、けど、ちと面白い。

何度か息を出して遊んでると、隣の友人に怒られた。
そして、救急病院に着くと、すぐに、とある部屋に通された。

目の前には、30ぐらいのお兄さん、とは言い表しにくいおっさんのお医者さんが座っていた。

医者「あ、ここ座ってー」
座る数。

医者「どしたのー？　血ぃ、すごいじゃーん」
数「、、、あ、これ、、」
と、唇左側を指差す。
医者はそれを見ると、
医者「あ、殴られたんだー。でしょ？」

先ほどから、なんとも軽い言い方の医者。

医者「痛い？　ねぇ痛い？」
数「、、、まあまあ、そですね」
医者「八重歯あるでしょ？」
数「、、はぁ」
医者「八重歯あると、こうなっちゃうんだよねぇ。貫通しちゃうんだよねぇ」
ちょっと半笑いである。

数「、、はぁ」
医者「そりゃ、血ぃでるわー」
数「、、、、、、」
医者は、なにかカルテらしきものに、なにか書いている。
医者「じゃー、ま、ね。縫わなきゃいけないいんだけども」
数「、、、はぁ」

数は生まれてこのかた、体のどこかを縫ったことはない。
数は、痛そうだな、と単純に思う。
医者「痛くないよ」
見透かされた。
医者「でさー、ひとつ言っておきたいんだけどさー」
数「、、、、はぃ」

なんだろう？
医者「俺、内科医なんだぁ（笑）。いい？」
数「、、、、は？」
医者「縫う、とか専門じゃないんだよねぇ（笑）。いい？」

なぜ、笑う?

医者「これ一応、聞かなきゃいけないのよ。承諾みたいなさ」

数「、、縫う、とか専門の人は?」

医者「あ、今日いなーい。俺だけー。だから、俺が縫うか、縫わないかのどっちかー」

数「、、、はぁ」

医者「いい?」

数「、、、はぃ」

しか、言えない。

医者「じゃー、縫うね。あともうひとつあってさー」

なんだ?

医者「唇とかその辺り縫う時って、透明の糸つかうのね」

数「、、、はぁ」

医者「それは溶けて、抜糸とかいらないんだけどさぁ」

数「、、、はぁ」

医者「今、それ、きらしてるんだぁ」

きらしてる?

医者「ないの。透明の糸。だから、普通に黒い糸になっちゃうけど(笑)。いい?」

数「、、、よくないものなんですか?黒い糸は」

医者「普通、普通。ただ溶けないからさ、抜糸が必要だよね」

数「、、抜糸、、」

医者「痛いよ(断言)」

数「は?」
医者「抜糸、痛いよ(強い断言)」

痛いの?

医者「痛み有りの抜糸有りだけど(笑)。いい?」
数「、、いやな場合は、、」
医者「縫わなーい。てか俺、縫えなーい(笑)」

なぜ笑ってんだ、この人。

医者「黒い糸で俺が縫う。そして痛み有りの抜糸。これのみだけど、方法は。いい?(笑)」
数「、、、ぃぃです」

しか言えないだろう。

医者「はい。じゃー、縫いまーす」

軽い感じだな。

そこから、横たわり、麻酔をし、黒い糸で、縫う、そんな流れで事は進んだ。
医者いわく、10日後くらいに来て問題なければ抜糸できるとの事。

医者「じゃなー。また殴られたらおいでー」
傷口には、唇だからとガーゼなど貼らずに、黒い糸むき出しそのままで帰された。

次の日、学校に登校すると、
「数、口にひじき付いてるぞ」
「おい、ひじき」
「まだ食べてんのか。ひじき」

あだ名は〝ひじき〟となった。
正直、殴られたことを笑いにしてくれた友人に少し感謝する。
10日後、言われた通り病院に行く。
そして、言われた部屋にいくと、あの医者が座っていた。

医者「お、きたな」
数「、、、あの、縫う専門じゃないですよね？」
医者「うん。だけど、キミの担当だから、抜糸しないと」
数「、、、抜糸専門の人、いないんですか？」
医者「あ、今日はいるけど、キミ専門俺だから（笑）」

オレ専門、てなんだ？

医者「はい。じゃー、抜糸しまーす」
まただ軽い感じで始まった、抜糸。
これが、、、、くっっっっっっそ痛かった。

数「いっっっっっっ！！！！」
医者「言ったじゃーん」
涙やら、声ではない音が口からでていた。

医者「しゅーーーりょーーー」
数の、人生初の〝縫い〟は終わった。

〈続、〉

今の数は思う。

「なぜ、抜糸の時麻酔をしてくれなかったのだろう」

「あの医者はなんだったんだ」

そして思う。

「あの医者、本当はいい医者なのか？」

そう思うに大きな理由がある。

唇の左側、貫通したところには、今となっては傷跡もない。

全くないのだ。

「半笑いできる医者はいい医者なのか？」

よく分からない疑問を抱きつつ、あの医者に感謝する。

口元に傷跡があったら、後に数がする仕事には、多少なりとも支障があっただろう。

後に数がする仕事の話は、また今度にしての、そんな〝医者〟と〝縫い〟があった高校1年生があったりした、そんな、、、
これは、喜劇。

【7】

数は家に帰って、テレビをつけた。
そして、荷物を片付けていると、テレビから聞き覚えのある名前が聞こえた。
数「ん?」
と、テレビを見ると、、、懐かしい顔がテレビに映っていた。
数「、、、おお」
数は記憶を辿ってみた。

〈第7話〉

出演者
数(19)
大吾(18)

『報告』

浪人生活を1年経て、やっと大学生になった数。
入学式を終え、1ヶ月経った頃、数はこの時決めた事があった。
とある日、学食にて。
現役で入った1つ年下の同級生と昼時。
大吾「数にぃ、それ美味いの?」
数「ま、普通だな」
その同級生は年上を気にしてか、数のことを、数にぃと呼ぶ。

大吾「これ、、まじぃ」
数「そか」
大吾「まじぃな」
数「食べなさいよ、いいから」
大吾「数にぃ、交換して」
数「やだよ。そんな、まじぃまじぃ言ってるやつ」
大吾「年上でしょ？　いいじゃん」
数「そういう時だけ、年上扱いすんな」
大吾「はー、、もう、これいらねぇ」
数「残すな、そんなに」
大吾「うるせえなぁ、おじさん」
数「おじさん、ではない」
大吾「はぁあ、、」
と、だらしなく食べる大吾。
数は食べながら、大吾にいつ言おうか探る。

大吾「昨日もマワしてきましたよ」

数「朝まで？」

大吾「そう」

大吾のマワすとは、ＤＪのマワす、である。

この言葉は大吾から教わった。

数は私立ではあるが、まあまあ偏差値の高い大学にいた。

しかも理系ということもあって地味な学生が多かったが、この大吾は違っていた。

ダボダボのパンツをはき、レコードの入った箱を車輪のついた物にくっつけて引きずり、大学に来る。

そんなＤＪ気取りと数が仲良くなったのは、なぜか。

偏差値の高い大学で、全く馴染めない大学生二人。

何故この大学に入ったのかわかってもいない、

流れできたような大学生二人。
そんな二人が同じクラスになったもんだから、ツルむのは仕方なかった。
しかし、数はＤＪやら音楽には興味はない。

そんな数となぜ仲良くなったか、聞くと、
大吾「ＤＪ・ＫＡＺＵっていう有名なＤＪがいるんですよ」
らしい。
それだけで、数と仲良くしたらしい。
数はそれを聞いた時、嫌な気持ちに、、、、全くならず、むしろ、
数「そうなんだぁ」
と、面白がった。
こいつ面白いな、と。それで仲良し、で良し。
入学してから、特になにがあるわけでもないが、こいつと学食でダラダラ過ごす。
そんなこんなしてるうち、このままでいいんかなぁ、と数は考える。
しかし、大吾は毎日楽しそうである。

数「大吾、お前いつも楽しそうだな」
大吾「そう？」
と、笑っている。

この時の数の〝決めた事〟に少なからず影響を与えた人物だろう。

大吾「もう、いらない」
数「結局、残すんかい」
大吾「数にぃ、外でなんかしようよ」
と、そのまま立って行こうとする大吾。

数「大吾！　待て」
大吾「なに？」
数「食器片付け」
大吾「もう、また？　いいじゃん周りの人、そのままじゃん？」
数「俺らは片付けるの」
大吾「なんだよ、ホントうるせぇじじぃだな」
数「じじぃ、ではない」

いやいや、というよりも、もはや不貞腐れて食器を片付ける大吾。
数は、その不貞腐れに馴れている。
そんな、不貞腐れている大吾にふと、数は言った。というより報告した。

数「大吾」
大吾「なんだよ。片付けてるだろ」
数「うん。あのさ」
大吾「なんだよ」
数「俺、大学辞めるわ」
大吾「……、は？」

そりゃ驚くわな。と数は思ったが、それ以上に、そんな驚いていない大吾がそこにいた。
まあまあ冷静に、大吾は、
大吾「辞めて、なにすんの？」
数「俺、役者になるわ」

数は大吾が何と返してくるか、やはり驚くと思っていたが……、
大吾「へぇ。そうなんだぁ」
かなり冷静に、そう言っただけ。
そして大吾は先を歩いていった。

〈続、〉

記憶はここで、ブチッと途絶える。
テレビには、その大吾が映っている。
クリエーターとして一流と紹介され、不器用に喋っていた。

今の数は思う。

「立派になったなぁ、おい」
「何かやらかす、とは思っていたけど、、クリエーターって」

そして思う。

「あいてーな」

気づけば20年も顔を合わせてない事に気づいた。
だから、連絡した。繋がった。そして会った。

その時の会話は、、、
数「ご立派になられて」
大吾「数さんこそ」

呼び方は〝数さん〟になっていた。
20年の時間。

数「わかってた？　俺のこと」
大吾「役者になったの、知ってましたよ」
数「そかー」

数「お互い40前だな、もう」
大吾「ですね」

数「なんとか、お互い食えてるな」
大吾「なんとか、、まあ」

数も、選んだ道でなんとかやってきた。
大吾も、〝なんとか〟という言葉でしか表せない時間がある。

20年振りの再会は、小っ恥ずかしいものだった。
が、最後の大吾の一言が忘れられない。

大吾「大学辞めるって言われた時、寂しかったんですよ」

これは、喜劇。

【8】

数は役者という道を選び、役者として、今いる。
その道の第一歩として、数がとった行動は、大学を辞めることだった。
数は、まあまあ偏差値の高い私立理系大学の理学部数学科に入学していた。
別に、その大学にいながら役者はできる。
ただ、数は自分の環境を観察し、考察を重ねた結果、大学生でいるわけにはいかなかった。

家族は壊れ気味だった。
関係も、そして、、、金も。
なにをしても良いが、この家族に私立の大学生は必要ではなかった。
この壊れ気味の家族を修復するため、という言葉が良過ぎる。
が、この家族のなかでやるべきことは、、、
好きなことをやって、楽しんで、食べていくそれをやってる自分を観て欲しかった。

数は記憶を辿ってみた。

〈第8話〉

出演者
数（20）
父親（49）
祖母（70）

『20歳の誕生日』

数、20歳の誕生日。
数は、父親と祖母に話があると伝えて、家のとある部屋に来てもらった。

父親「なんだ？　なんかあるのか？」
数「うん、まぁ」
祖母「数、誕生日じゃない」
数「うん」
どう切り出すか、迷う数。

父親「なんなんだよ」
初めて息子に呼び出されたこの父親は、動じるわけでもなく、少し楽しそうでもあった。

祖母「どうしたの？」
初めて孫に呼び出された育ての親は、とても不安そうだったし、怖がっていた。

数「あのさ、」
初めて父親と祖母を呼び出した息子は、緊張し、覚悟を決めた。

数「大学、辞めるわ」
しばしの間《ま》。
父親は変わらない。
祖母は絶句。

数「辞めたいんだ」
父親は変わらない。
祖母は泣き始めた。

父親「辞めてなにするんだ？」

父親は口を開いたものの、変わらない。

祖母は泣いていた。

数「役者になりたいんだ」

父親は、すこし驚いていた。

祖母は、また泣いた。

それから、大学にはだいぶ前から通ってないこと。

大学に行くふりをして、家を出て、これからどうするか考えていたこと。

退学届も出したこと。

黙っていて申し訳ない、と伝えた。

退学届まで出したことには、父親にも少し言われたように思えるが、記憶は定かではない。

記憶が定かなのは、泣いていた祖母がボソッと言うこと。

祖母「決めたら変えないね、この子は。頑固だから」

記憶が定かなのは、泣いていた祖母がボソッと言うこと。

祖母「まさか、役者なんて」

記憶が定かなのは、泣いていた祖母がボソッと言うこと。

祖母「蛙の子は、、蛙だね」

この言葉には驚いた。

祖母「この子も、役者やるって言って東京出たんだから」

と、父親を指していた。
初めて聞いたことだった。
さすがに驚いたが、父親は動じず返す。

父親「すぐ諦めたがな」

まったく恥じずに、なぜか堂々とした出で立ちで話す。
この堂々さは、面白い。尊敬レベル。

そこからなにを話したかは覚えてない。
ただ、祖母はずっと泣いていた。
育ての親は、育て方を間違ったと思えるように泣いていていた。

そして、最後の祖母の言葉が忘れられない。
やはり泣きながら祖母がボソッと言った。

祖母「数には郵便局員になってほしかった」

祖母はずっと泣いていた。

〈続、〉

今の数は思う。

「ばあちゃん、理学部数学科から郵便局員になる人はいない」
「ばあちゃん、大学に入学した時点で郵便局の道は断たれていたぞ」
「ばあちゃん、まさか郵政民営化するとは思わなかったよね、その時」
「ばあちゃん、泣かせてごめんね」
「ばあちゃん、大学辞めたくせに、それから10年以上役者と名乗れなかったよ」

「ばあちゃん、期待したかな、ごめん」

「ばあちゃん、頑固でごめん。役者は辞められなかったよ」

「ばあちゃん、俺で笑えてる?」

「ばあちゃん、笑えなかったらごめん」

「ばあちゃん、、元気?」


近々、会いにいきます。

これは、喜劇。

[9]

数の職業は、役者である。

新たな仕事がやってきた。

すると、新しい台本が手渡される。

新しい台本をもらうと、数は思い出すことがある。


数は記憶を辿ってみた。

〈第9話〉

出演者
数(27)
従姉妹、志世(24)
大介(27)
女性プロデューサー、赤井(31)

『台本』


その年の冬の終わりだったと思う。

数の携帯が鳴った。

少し前にやった小劇場の舞台を観に来てくれた女性プロデューサー、赤井だった。


「今年の夏、空いてる?」

「映画の撮影があるのよ」

「監督がね、数をね、使いたいって」


突然だった。

当時、事務所というものにも入ってなかった数には、直接連絡がやってきた。

19歳から、役者を目指して8年間。こんな連絡は初めてだった。

信じられなかったし、冗談とも思ったし、それはまぁ小さい役と、通行人A役だろう、と、そう、疑わなかった。

それはそうである。

数は、映画なんて出たことがない。

映画はおろか、映像で芝居などしたことがない。

そんな役者に監督から指名などあり得ない、と。

そう考えるのは普通だった。


電話が鳴って、数週間、あれから連絡がなく、やはり冗談かと思ってたところに、また、数の携帯が鳴った。

「数、今日夕方、空いてる?　台本渡したいんだけど」


台本?

あの話は続いていた。

とりあえず数は、赤井に言われた待ち合わせ場所に向かった。

・喫茶店

数がアイスコーヒーと一緒に待っていると、赤井がやってきた。

赤井は笑っている。

赤井「数、やったね」

数「はぃ」

「(小さい役だろう)」

赤井「監督指名なんてないよ。他のキャストはオーディションやってるんだから」
数「はぃ」
「通行人Aだろう」
赤井「全国公開の映画だよ。暴れてらっしゃい」
数「はぃ」
「（いい経験にはなるなぁ）」
赤井「はい、台本」
数は受け取ろうと、手を出した。
台本は製本されていた。
小劇場しかやってない数にとって、製本された台本は初めてだった。
小劇場は、コンビニでコピーをしたペラの台本が普通。
製本された台本をみた途端、受け取ろうとする手は、震えていた。
赤井「あけてごらん」
震えた手で台本を開くと、
〝出演者〟の欄に数の名前があった。
最初から数えて、5番目に名前があった。
数「！！！」
赤井「8人の大学生の群像劇。数、、メインの役だよ」
数は驚いて言葉など出なかった。

手は震えていた。

・従姉妹、志世の家

志世「何？　突然きて。お金借りにきたの？」
数は台本を手に、自宅に戻らず、生まれ育った地元に向かっていた。
4歳から一緒に育てられ、一緒に暮らしてきた、従姉妹であり妹の志世の家へ。
志世「怖いんだけど。話があるって」
数「大介もくるよ」
志世「は!?　ちょっとー、言ってよー。何にも用意してないよ」

大介は、小学生からの腐れ縁、幼馴染である。
そんな大介がやってきた。

大介「なんだ？　急に。金か？」

二人は同じことを言う。
それはそうだ。数はこの二人にかなりの借金がある。
その金で食べて、芝居をしていた。
志世「急に呼び出し、怖いよね」
大介「いくらだ？」

数「、、、これ」

数は、二人に台本を渡した。
二人は、なんだかわからず、受け取りページをめくる。

大介「ほほう」
志世「ほほう」
数「、、、うん」
大介「ほほう」
志世「ほほう」
数「、、、映画だって」

3人に、いい空気の間《ま》。

・志世の家。ベランダ

数と大介は煙草を吸っている。
それなりに長い間がありまして、、、
大介「何年？」

数「8年かかったな」
大介「ギャラでるの？」
数「映画だしな。でるだろ」

それなりに長い間がありまして、、、
大介「やっとスタートラインかよ」
数「んだな」
大介「準備体操長かったなー」
数「長かったわー」

恥ずかしながら、数は泣いていた。
報告できることがあることに、泣いていた。
大介にバレてるが、バレないように、泣いていた。

志世が窓を開けて、
志世「ご飯、作ったよ。間にあわせただけだからね。文句禁止ね」
大介「寿司くらい注文しろやー」
志世「大介さんが出すならね」
大介「映画俳優が出すだろー、それは」
志世「ほら、乾杯するよ」

志世が部屋に戻る。
大介もベランダを出るところで、
大介「泣き止んでから来て。リアクション困る
から」
数「、、、ぅん」

でも、すぐ泣き止むことができない、数。

たった8年。
だが、かかった8年。
やはり嬉しい役者8年目の初めての台本。

泣いてる、数。
部屋の中から、妹と親友の声が、、、
「かんぱーい」

〈続、〉

今の数は思う。

でも、この映画の撮影終わったら、またバイト生活に戻ってたけどな。
また、スタートライン付近で準備体操してたがな。
甘かない世界ですな。

そして思う。

でも、まぁ、この一歩あっての今だわな。

これは喜劇。

【10】

2014年、12月31日、今、数は役者として、いる。
役者として、一番多く芝居する時間が多かった年となった。
38歳になり、まだ役者をやれている。
数は記憶を辿ってみた。

〈第10話〉

出演者
数（38）
など、

『2、0、1、4』

・春、

体のおっきい監督が急にやってきて、
体のおっきい監督「数、今さっき、深夜の連ドラの主役決めてきた」
数「は？」
体のおっきい監督「うん」
数「嘘でしょ？」
体のおっきい監督「ほんと、ほんと」
数「え？　ほんとに？」
体のおっきい監督「うん。他、見当たらなくて、数の名前出したら」
数「はい」
体のおっきい監督「いいんじゃない、って」
数「、、、なんか軽くない？」

体のおっきい監督「そんなもんじゃない？」
数「そうなの？」
体のおっきい監督「うん」
数「…、ドッキリ？」
体のおっきい監督「お前みたいな小物にドッキリかけねーだろ」
数「そんな小物になに主役やらせよーとしてんだ」
数は、連続ドラマで初主演を果たした。

・夏、

とある場所では、また体のおっきい監督とまた違う深夜ドラマを撮影し、
体のおっきい監督「また数と仕事してんな」
数「ですね」
体のおっきい監督「なんか、最近ネットとかで〝デキてる〟って噂になってるらしいよ」
数「ええ。ぼくはもはや〝枕営業してるんでしょ？〟って言われてますからね」
体のおっきい監督「で、なんて答えてるの？」
数「〝ばかやろう、3回しか寝てねーわ〟って答えてます」
体のおっきい監督「やめろ、ばかやろう。なんだその3回って。リアルな数字やめろ」

とある場所では、役者仲間の中でも一番深い友の主演ドラマにも出演し、
一番深い友「数さんとドラマできるのは楽しいわ」

数「んだなぁ」
一番深い友「今日の撮影終わったら、、」
数「いく?」
一番深い友「明日も朝から、だけど?」
数「いく?」
一番深い友「少しだけね」
と言って、しっかり飲む二人。

とある場所では、学生の頃から見ていたお笑いの大先輩とコント番組に出演、
学生の頃から見ていたお笑いの大先輩「、、、数くんはさ」

数「はい!」

学生の頃から見ていたお笑いの大先輩「、、、芸人?」

数「、、、いや、役者です」

学生の頃から見ていたお笑いの大先輩「あ、そうなんだ、、ほんとは、芸人なんでしょ?」

数「いや、、役者です」

学生の頃から見ていたお笑いの大先輩「匂いがさ、、こっちの匂いなんだけどさ」

数「、、嬉しい、んですけど、、役者ですね」

学生の頃から見ていたお笑いの大先輩「、、、ふうん」

数「はい」

学生の頃から見ていたお笑いの大先輩「、、、でも、結局は、、」

数「しつこいですね」

学生の頃から見ていたお笑いの大先輩「(笑)」

そんな大先輩とこんな会話。

そして一緒にテレビに出て、コントしているという不思議さ。

この場所たちが、一緒に、一斉にやってきた夏。忙しくなりたい、と思っていたが、本当に忙しくなると、自分を見失いそうになったりする感覚もあったりしたが、こんな場所たちにいける、いられる喜びが見失う暇など与えず。そんな夏は一気に過ぎて行く。

・秋、冬、

数は32歳から自分発信の舞台づくりをしている。

それから7年目のこの年、その自分発信の舞台が、5つの都市をまわることができた。

横浜、福岡、大阪、名古屋、東京、今までのいろんな仕事たちのおかげで、すべての公演で満席、そこで、喜劇を、喜んで劇をすることができた。

「続けるとこんな景色が見られるとは思わなかったです」

「ただ続ければ続けるほど、舞台をつくる難しさを思い知らされます」

「ですけど、またこれからも、つくり続けてみます」

「だからどうか、また次も、その席に座りに来てください」

「お願いします、ありがとうございました」

数は、次への覚悟と、お礼を、客席に座ってくれた人たちに伝えた。

まだ、まだ、やりたいことがある。

〈続、〉

2014年12月31日、PM11：59
今の数は思う。

「うん、人生で一番の年だった。めでたい」

そして、2015年1月1日、AM0：00今の数は思う。

「さ、一番の年が始まった。おめでとう」

だからここからも、

これは、喜劇。

【11】

数は、散らかった部屋を片付けていると、写真が出てきた。
じっと写真を見る数。
数は記憶を辿ってみた。

〈第11話〉

出演者
数（4）

『出てきた写真』

数「ここはどこだろう」

数「このコはだれだろう」

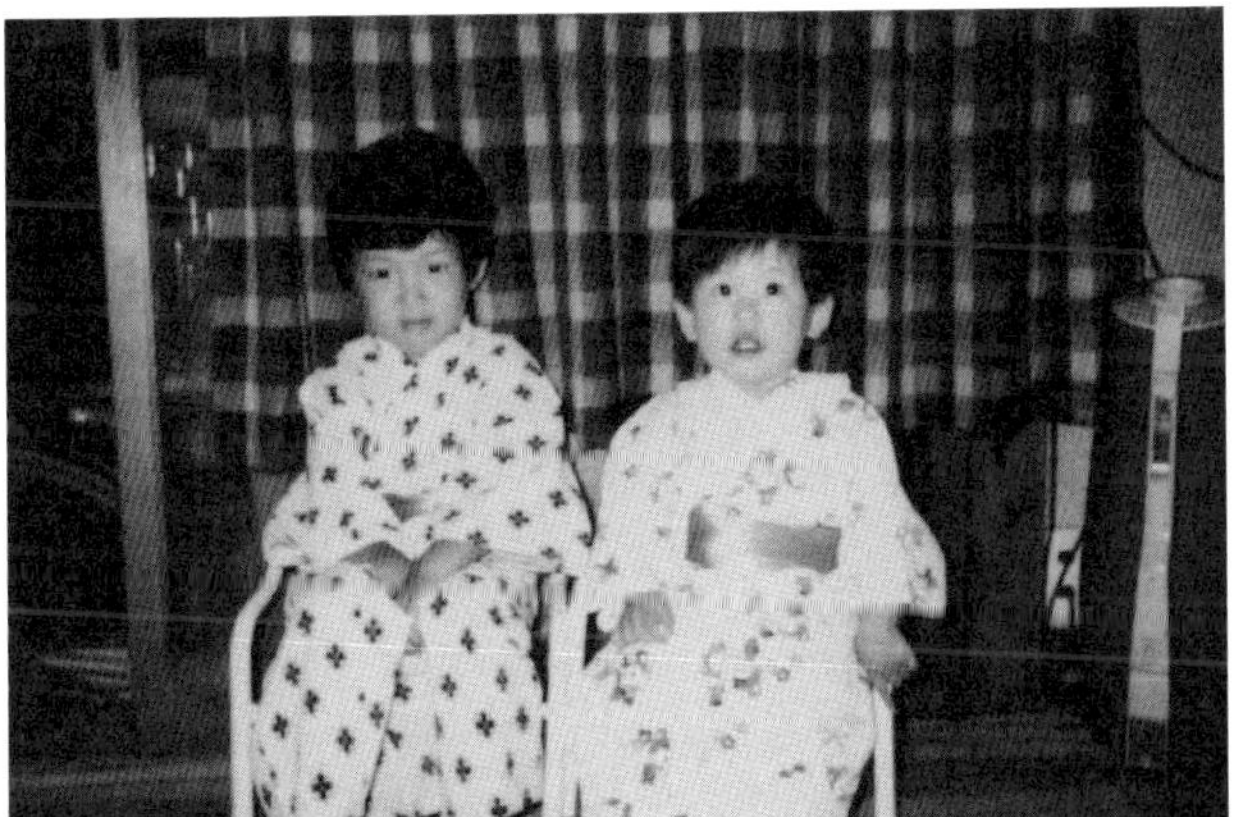

〈続、〉

今の数は思う。

4歳、預けられた親戚の家。
その家の従姉妹。
ここでずっと育てられた。

育ててくれた。

「微笑ましい」

当時は不思議に思ったこの〝時〟も、今となっては〝いい写真〟。

これは、喜劇。

【12】

ある日、電話がかかってきた、

従姉妹「そろそろ」
数「そろそろ?」
従姉妹「そろそろ」
数「、、、、」
従姉妹「覚悟しておいて」

祖母が入院した。
腎不全を患ってる祖母は症状が進み、もう体はだいぶ弱っており、
次、発作が起こったら、、、
もう、もたないらしい。

その電話の3日後、故郷横浜へ、見舞いに向かった。

〈第12話〉

出演者
数(39)
祖母(89)

『やっぱり』

数は、教えられた病室に向かった。
6人部屋、入って左側の真ん中。
カーテンを開ける。

そこには、僕を育てた祖母が寝ていた。
鼻にチューブをつなげて。

頭髪は真っ白で。
覇気のない顔で。
昔の祖母からはほど遠い姿で。
そして薄目でこちらを見た。

少しの間《ま》があって、小さい声で、
祖母「ぁぁ、」
数「うん。きたよ」

少しの間、

祖母「、、忙しいだろうに」
数「そんなでもないよ」

やはり、元気などなかった、

祖母「来てもらっちゃって悪いねぇ」
数「悪くなんかない」

少しの間、

数「入院、暇だろぅ」
祖母「退屈だぁ」
数「そだろなぁ。テレビとか見ないのか？」
祖母「見ない。目、悪いから。見てもわからない」

数「、、そか」

間、

祖母「コーヒー牛乳、飲みたいんだけどね」
数「買ってこようか？」
祖母「、、飲んじゃだめなんだよ。飲んじゃ」
数「、、そなのか」

ベッドの横上には紙が貼ってあって、毎日摂っていい水分と何時に摂取したかの記入欄があった。

数「こりゃ、退屈だな」
祖母「……うん。まいったよ」

元気などない。

祖母「……ホームの人たちがね」
数「ホーム？」
祖母「老人ホーム」
数「ああ」
祖母「みんなが、数がテレビ出てたって教えてくれる」
数「そか」
祖母「昨日も出てたって」
数「うん」

だからテレビ見てよ、と言おうとしたがやめた。
間があって、

祖母「ちゃんと食べられてるのかい？」
数「……うん。おかげさまでな。テレビとか出してもらってるしな」

間、

数「最近、コマーシャルとかにも出してもらってさ」
祖母「へぇ、そかい」
数「うん。ありがたいよな」
祖母「……へぇ」
数「……うん」

また、間、

祖母「、、、体、、体だけは気をつけんしゃいよ」

数「、、、うん」

数は会うたびに思う。

この人は、俺がやりたいことをやっていようがなかろうが、体が無事ならいいのだ。

夢が叶おうが叶わなかろうが。

成功しようが失敗しようが。

楽しい日々だろうが、つまらん日々だろうが。

この人は、俺が健康ならそれでいい、と思ってる人なのだ。

だから、俺がテレビに、映画に出ようが関係ない。

そういう人なのだ。

祖母「みんなに迷惑かけて、悪いよ」

数「みんな育ててもらったんだから。迷惑じゃないだろう」

祖母「みんな、、、早く逝ってほしいと思ってるよ」

数「、、、、」

最近の祖母は悲観的で、すぐこういうことを言う。

そして同じことを言う。

祖母「、、、数は、体に気をつけんしゃいよ」

数「うん」

ふと思ったことを言ってみた。

数「もう来年、40だぞ、俺」

すると、
祖母「あはははははははははっ」
元気に笑った。

数「そうなんだよ、ばぁちゃん。俺、40だぜ」
祖母「あはははははは」
数「あなたが育てた孫は、もう40だよ」
祖母「あはははははははははは」

結構な大きい声で、もはや爆笑している。
この人にとって、〝俺が40歳になること〟は、〝面白いこと〟らしい。

祖母は笑っている。
元気だ。

数「結婚もせず、40だよ」
祖母「少し前に連れて来た人は？」
数「ダメだったわ」
祖母「そかい。ダメだったかい」
数「うん」
祖母「あははは」

祖母は笑っている。
元気だ。

数「俺、やっぱ結婚とか無理みたいだ」
祖母「あはははは」

祖母は笑って、
祖母「やっぱりね」
と言って、また笑っている。

なにが〝やっぱり〟なのか。

この人のなかで、俺が結婚しないことが〝やっぱり〟らしい。

離婚した息子から預かった孫を育てているなかで、その孫が40になっても結婚しない〝やっぱり〟な理由があるということなのか。

祖母は笑っている。

〝やっぱり〟の中身を聞きたいが、それもやめた。

祖母が昔のように笑っていた、から。

〈続、〉
見舞いの帰り道、
数「やっぱり、ってなんだ」
つっこむように独り言を言った。
自分が40になること、結婚できないことを、爆笑する人がいる。
その人は、その時は、元気だ。
次の笑いをとるためには、50になること、と結婚すること、だろう。
あの人は笑うだろう。
数は思う。
だから、〝やっぱり〟自分は喜劇役者。
だから、〝やっぱり〟これは、喜劇。

【13】

数は、写真を探していた。
今度出るテレビ番組から、昔の写真ありませんか？　と頼まれていたためである。
すると一枚の写真が出て来た。

数は記憶を辿ってみた。

〈第13話〉

出演者
数（4）

『じいちゃん』

数「おじいちゃんが遊んでくれる」

数「お父さん、どこ?」

〈続、〉

今の数は思う。

4歳、預けられた親戚の家。
じいちゃんも一緒に暮らすことになり、そして、
親戚の家の子、従姉妹と一緒に遊ぶ。

この時の数は知らない。

〝預けられたこと〟を知らない。

だからか、いや、そうでなくても、このじいちゃんは数を可愛がった。

「じいちゃん、感謝してるぜ」
「おかげで、楽しくやってるぜ」
「この写真で、じいちゃんもテレビ出ようぜ」
「テレビ出る日がくるとは、思わなかっただろう、じいちゃん」
「な。可愛がってよかったろう」
「笑ってくれてますか?」

これは喜劇。

【14】

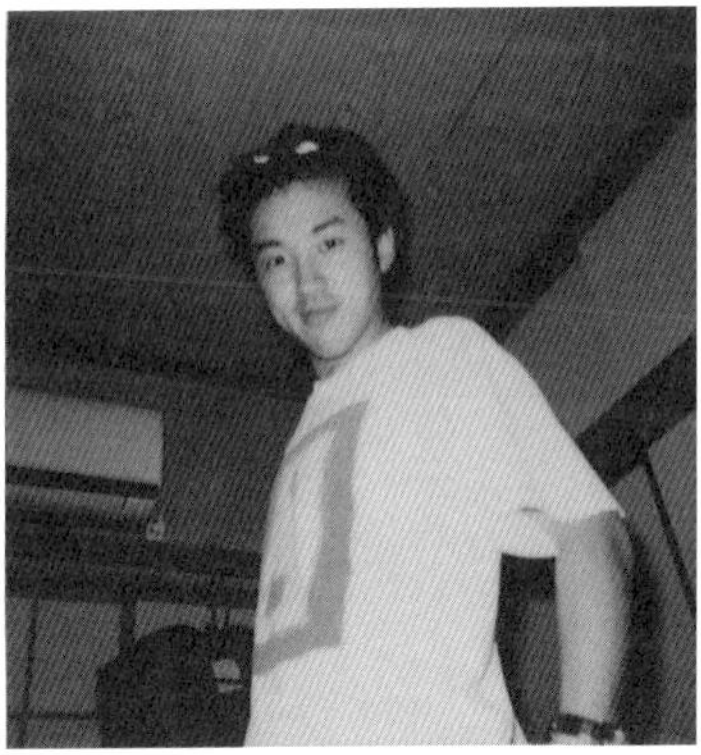

この写真を見て、数は思う。

調子に乗ってるなぁ
自信あるんだろうなぁ
役者になれる、って疑ってないもんなぁ

数は記憶を辿ってみた。

〈第14話〉

出演者
数(21)

『暗黒時代の一歩前』

数「俺はいい役者」

数「根拠なんていらない。自信がある」

数「まだ、俺がいることを知らないだけ」

数「すぐ、仕事がくる」

〈続、〉

今の数は思う。

21歳、養成所なんてところを出たり入ったりしてた頃。
根拠のない自信だけ、その自信だけでも仕事がくると思っていた。
才能があると思っていた。

この時の数は知らない。
ここから6年は、なにもない、なにもできない時間がやってくる。
暗黒時代がやってくる。

根拠のない自信を使い切って、とある式の証明が成立するまで、その時間が、時代が、続く。

その式が証明してくれたこと。

自分にはなーんもない

やっと、こっから、始まり始まり

絶対に戻りたくない時間。
が、自分にはなくてはならなかった時間。

恥ずかしいこの写真を、たまには眺めよう。

これは、喜劇。

#【終】

〈最終話〉

〝これは喜劇〟

ばあちゃんがベッドで、寝ている

酸素マスクをして、寝ている

口から舌が出たり入ったりして、寝ている

「これで最後」

意識はない、

もう戻る事はない、

でも、聞こえてる

だから、最後にしっかり言おう

「きついだろう、もういいよ、大丈夫だから

俺は大丈夫だから

なんとかね、なんとか間に合ったかな
なんとか食べられるようになったかな
役者なんて道えらんでね、すげえ時間かかった
けど
なんとかね

うん

それみるまで、待ってくれたか？

みてくれたか？

全然好きなメシ食えてないんだろ？
もう大丈夫だから、あっちでメシたくさん食べてよ

大丈夫だから

うん

ありがとうね

ずっとね、楽しくやれたよ
あなたに育ててもらったから、やれたよ
こんな道えらんで、やってこれたよ

あなたのおかげです

だから、これからも、やっていくから
どうか、
どうか、安心してみててください

おれもいつかそっちいくから、
そしたら、そっちでまた孫やるからさ、またメシつくってよ、

一緒に食べよう

それまでこっちで、

喜劇やってくる

うん

またね」

しばらくして、ばあちゃんは逝く

数は思う

これは喜劇のまだ途中、だから、これは喜劇。

〈ずっと、続、〉

ムロツヨシ×新井浩文　対談

［人間・ムロツヨシについて］

当たり前だが、ムロツヨシは役者である前に人間である。
では、『人間・ムロツヨシ』とは何者なのか。
この人に聞いてみたい。それは、新井浩文。
このふたり、ツイッターでの絶妙な絡みがファンを楽しませている。
そんなサービス精神はそのままに、本当のふたりの出会い、京都へのふたり旅、
結婚観に恋の話、軽く酒を酌み交わしながら出て来る話題を笑い、
突っ込み、時折真面目に語り合う濃厚な時間が過ぎていった。

新井「ムロさん、この本を連載していた初期の頃に書いてた台本って何が面白いんですか？」
ムロ「浩文、何言ってんだよー」
新井「だって、台本書いてるだけでしょ？」
ムロ「バカバカ、バカー、浩文！　その台本を『muro式.』で使ったこともあるんだぞ！」
新井「あ、そうだったんですか。ここで書いた『muro式.』の台本もあるんですね」
ムロ「そうそう。まあ、とにかく飲み物、どうする？　俺、レモンサワー」

新井「ウチもレモンサワー、お願いします」
ムロ「で、今日は対談なんだけど、こんなふうにふたりで呑んだのって、最初はいつだっけ?」
新井「一番最初ですか。大分前だと思いますね。最初はふたりで呑んでて、後から誰かが来るというのがありますから……ふたりとも彼女がいない頃に三茶（三軒茶屋）の居酒屋で呑んだ時じゃないですか。ムロさんが共演してた女優さんから連絡が来て、合流したじゃないですか」
ムロ「あ、あー、あった!」
新井「あれが最初じゃないですか」
ムロ「そうそう。合流した人の名前は出さないほうがいいね（笑）。でも、懐かしい!」
新井「しかも、そこはウチが知っているお店だったのに、店長とムロさんが知り合いで」
ムロ「知り合いだった。〝あれー? どうして? ムロ君〟ってね。そうか、あれが最初か。よく憶えてんなあ」
新井「誘ったのがどっちかは憶えてないですけど」
ムロ「でもさ、ヤバいと思わない? この対談」
新井「テーマは、『人間、そして男・ムロツヨシ』なんでしょ?」
ムロ「（笑）。最悪のタイミングじゃん、このテーマ」
新井「最悪ですか?」

ムロ「最悪のタイミングは、俺だけか！　つい最近、浩文とふたりで京都旅行した記憶ってまだ鮮明に残ってるよなあ？」
新井「初めてのプライベートふたり旅で、ムロさんの色んな一面を見ることが出来た、あの？」
ムロ「あー、ホント、対談は旅行に行く前がよかったよ。ネガティブってほどじゃないけど、お酒を呑んで醜態を晒したから」
新井「これ、何を言ってもいい対談ですよね？」
ムロ「ダメだよ、バカ野郎！」
新井「ある程度だったら、際どいことを話してもいいんじゃないですか？」
ムロ「こちらでしっかりチェックさせて頂きまーす！」
新井「じゃあ、ふたりで行ったその旅行の話からしましょうか」
ムロ「やっぱり、そうだよなー」
新井「きっかけは、一昨年（2015年）。（笑福亭）鶴瓶さんの紹介で瑛太や（松田）龍平、みんなで京都まで茶屋に行く企画が持ち上がって」
ムロ「そのメンバーの誰かが映画か何かで茶屋に行くシーンがあるから勉強に行きたいねって話をしてたら、鶴瓶さんに〝あそこに行って来い〟って言われたんだろ。瑛太からその話を聞いて、〝俺も行きたい〟って手を挙げたら連れて行ってくれたんだよね」
新井「でも、メンバーの中でウチだけちょうど仕事で行けなくて。その時の話をムロさんとしていたら、たまたま3日間だけ空いてる時期がカブってるのに気づいたんですよね？」
ムロ「そうそう」
新井「こういうことって初めてじゃないですか？」
ムロ「だと思う」
新井「〝だったら、どっか行きません？〟って誘ったら、〝いいね〟って返って来て、〝京都で茶屋に行きましょう〟と」
ムロ「でもさ、ホントの始まりは浩文の気遣いじゃない。浩文と（高橋）努は、俺が仕事でポカーンとした状態になった時に話したくなる人なんだよね。弱音じゃないけど、今考えてることをそのまま言える人。後輩の前では、カッコつけたいから言いたくないという自分の見栄が出るんだけど、浩文と努にはそれがない。あの時、ちょうど『muro式』が終わったばかりで空っぽだったんだよ。次の目標が見えないというか。そういう時に不安を感じると、俺、ひどい時にはヘルペスが出るんだよね。で、〝今、こんな感じなんだ〟と浩文に言ったら、〝ムロさん、遊びましょうよ。旅行に行きましょう〟って。そういえば、今は時間があるなと思って。そこからの流れだよね、あの楽しかった京都旅行は」
新井「ホントに楽しかったです」
ムロ「仕事抜きのプライベートでは、ここ最近ナンバー1の旅だった」
新井「まず、ふたりでスッポンを食べに行って」

ムロ「その前に、新幹線のチケットからホテルの手配まで浩文が全部やってくれただろ。集合時間に駅に行ったら、新幹線のチケットを渡されて。俺はチケットを手に乗り込むだけ。浩文の彼女になった気分だったな」

新井「(笑)」

ムロ「しかも、ホテルは名前を言うだけで部屋に案内される。〝夕方5時にスッポン屋さんの予約を入れているので、4時40分にロビー集合です〟と言われて、時間通りに行ったらタクシーも呼んでる。〝え、浩文?〟〝はい、呼んでおきました。4時40分にタクシー1台〟って。どんだけデキる男なんだよ!」

新井「いやいやいやいや」

ムロ「スッポンもご馳走してくれて。いいのかなと思ったけど、〝これだけけ甘えるね〟って。だから、あのスッポンは浩文の奢《おご》りって味も入ってたんだよ。ホントに美味しかった」

新井「でも、その後の茶屋もバーもムロさんが全部払ってますからね。ちなみに、人生初スッポンだったんでしょ?」

ムロ「初スッポン。和食屋さんでそれ風のものは食べたことがあったけど、もう間違いなくスッポンは、初めて。いやー、美味かった」

新井「また行きたいですね」

ムロ「また行きたい。これは行くべきだなと思った。何なんだろうね、あの味」

新井「出汁《だし》でしょう?」
ムロ「出汁だね。絶妙だった」
新井「ずっと飲んでいられますからね、あの出汁は。そこから茶屋に行って」
ムロ「次の1軒は、リリー(・フランキー)さんに紹介してもらったバー。大人の遊びだったね」
新井「次の日は夕方6時半ぐらいにホテルのロビーで待ち合わせして、焼肉」
ムロ「その通り、その通り」
新井「でも、ロビーに行ったら、そわそわしてるムロさんがいたんだよなあ」
ムロ「うーん、そうだねえ(笑)」
新井「〝大事な腕時計がない〟って」
ムロ「なかったんだもん」
新井「〝絶対、昨日行ったお店のどこかに忘れたんだよ〟って。でも、途中から憶えてなくて、何軒行ったのかわからないって言い出したじゃないですか」
ムロ「うん、最初のバーは憶えてる」
新井「さらに、知り合いのバー」
ムロ「それって4軒目、な」
新井「憶えてます?」
ムロ「憶えてる、憶えてる」

新井「ホントですか？　そのへんからあんまり記憶ないでしょ」
ムロ「4軒目で浩文と別れたじゃん」
新井「先にウチは帰りましたからね。で、ムロさんは4軒目のバーに戻ったんですよね？」
ムロ「うん、そうだね……。ん？　戻ったってどういうこと？」
新井「ほらー（笑）。ウチと一緒に外には出たんですよ」
ムロ「ウソッ！」
新井「全然ウソじゃないです」
ムロ「外に出たの？　俺」
新井「出ましたよ」
ムロ「見送りに？」
新井「結果的には、見送りですね。で、話を戻すと、腕時計を探そうと思ってムロさんが行ったお店に1軒1軒電話したけど、どこにもない。その日一緒だったメンバーにも連絡して、美容師の若い男の子に行き着いたんですよね。その子から実はもう1軒行ったって話が出てきて。〝そこだ！〟って思うじゃないですか」
ムロ「思う、思う」
新井「でも、さらにもう1軒行ってましたよね？」
ムロ「アッハッハッハ！　ワタクシ、4軒しか記憶がないんですけど」

新井「最後の2軒は記憶がないまま。でも、美容師の子が帰りのタクシーに乗った時、確実に腕時計をしてたって憶えていて」
ムロ「デキる子だったよね」
新井「となると、二択じゃないですか。タクシーかホテルか」
ムロ「結局、ホテル。カバンの中に腕時計を発見したんだよねえ、浩文」
新井「てんやわんや、色んな人が探してくれたのに。〝うわっ、やりよった。この人〟って思いましたよ」
ムロ「色んな方に迷惑をかけました！」
新井「（腕時計を）外すのは癖なんですよね？」
ムロ「楽しくなって汗ばんでくると、手首が気持ち悪くなって絶対に忘れない財布の上に置いたり、カバンの中に入れたりするんだけど、あの時はカバンを持ってなかったんだよ。だから、2日目の焼肉屋さんに向かうタクシーの中で、浩文に説教されたね。〝カバンを持たなきゃダメです。そしたら絶対になくさないでしょ。カバンの中に入れるでしょ〟〝はい、仰る通りです。すみません〟って（笑）」
新井「今、京都で呑んだ芸能人で酒癖が悪いと言ったら、ムロさんも上位に入りますね」
ムロ「やめろ、この野郎（笑）。ちなみに浩文が酔っ払うところは、あまり見たことないね」
新井「普通に酔ってますよ。テンションは上がるし、下ネタも多めになるし、声もデカくなるし。

だけど、人に迷惑をかけるようなことはしないです。記憶も大体残っていますね」
ムロ「俺はこの1年で何回か記憶をなくしてる。ただ、データでわかったんだけど、記憶をなくす時は浩文か（山田）孝之がいる時だけ」
新井「メンツですか?」
ムロ「だと思う。本当に安心していいメンツの時だけ。気を遣わなくていいじゃない」
新井「それにしても、京都で2軒憶えてないって凄いですよ」
ムロ「凄いでしょ。山田孝之事件では酔っ払った映像を見せられたんだよ。地方ロケのホテルの部屋で呑んでたんだけど、それをまず憶えていない。で、気づいたら、ホテルの廊下で寝てた。パンツとTシャツだけで。もちろん、オートロックだから部屋には戻れない。その格好で1階のフロントまで」
新井「何かで（部屋を）出ちゃったんでしょうね」
ムロ「そう、何かで出ちゃったんだよ。その何かがわからない」
新井「でも、部屋は開かないから、もういいやって廊下で寝たんでしょうね」
ムロ「その通り。目を覚ました時はマジでびっくりしたなあ」
新井「それ、（勇者）ヨシヒコの撮影ですよね?」
ムロ「そう、ヨシヒコ」
新井「福田（雄一／監督）さんの部屋に行こうとしたんじゃないですか?」

ムロ「知らないよ、何号室か」

新井「福田さんと交換日記のような、交換ＬＩＮＥをしてるじゃないですか？」

ムロ「してないわ！」

新井「今日も寝る前に、〝浩文と対談したよー〟って送るんですよね？」

ムロ「しないって！　〝〇〇したよー〟って言葉遣いも気持ち悪いし」

新井「（笑）。何年か前には、中身より大事な財布をなくしてましたよね？」

ムロ「そうそうそう。竹中直人さんから頂いた財布ね。だから、今は竹中さんからもらった二代目の財布（笑）。部屋の鍵もなくしたことがある」

新井「ツイッターで書いてたやつ？」

ムロ「そう。だから、小栗（旬）ん家《ち》に忍び込んで……」

新井「忍び込むって何ですか？」

ムロ「小栗家が海外旅行に行ってたのかな。何か荷物を受け取るために、笠原（秀幸）が鍵を預かっていて。その笠原が一緒に俺ん家の鍵を探してくれたんだよね。でも、見つからなくて〝どうしよう……〟と家の前でうなだれていたら、〝ムロさん。今、私は小栗家の鍵を持っています〟と。〝よし、行くか〟って忍び込んで、私達は小栗家でふたりで寝ました（笑）」

新井「ちょいちょいやらかしますよね、お酒で。でも、ウチと呑んでいる時はそんな姿を見たことがないんですよね」
ムロ「そうそうそう」
新井「呑み方が似てるんですよ。楽しく呑んで、ケンカも一切しない。暴れて、誰かに迷惑をかけることもないし、お姉ちゃんのケツを触ることもないし」
ムロ「ないねえ」
新井「いわゆる品のいいお酒、楽しいお酒を呑める人というのが、ウチのムロさんに対するイメージだったんですよ」
ムロ「なぜ、過去形になるの？」
新井「〝何かちょっと違うんじゃない？　この人〟って京都に行って思ったからです（笑）」
ムロ「あー、浩文。そうなんだよー。多分、本性は京都旅行なんだよー」
新井「素のムロさんは、あれなんだ！」
ムロ「そうそう。身内のような若いコと呑んでいると、ちょっと熱くなってしまう習性があるんだよ」
新井「今回、その姿を初めて目にしましたね。ムロさんの後輩さん達に言わせると、いつものことで慣れっこみたいですけど、熱くなった時の口癖が……」
ムロ「ギャーーーー！」
新井「〝結果出せ！　とにかく結果出せ！〟」

ムロ「そうなんだよー、浩文！」
新井「その言葉を発した瞬間からどんどん熱くなっていくらしいですね。〝結果、出せ！〟が出たら、スイッチが入った合図」
ムロ「いや、相手の思いを聞いて、スイッチが入った後に〝結果、出せ！〟。俺ね、色んな人にそう言ってるみたい」
新井「〝結果出せ！〟（笑）」
ムロ「じゃあ、結果出せ！」
新井「それを腕時計探しでお世話になった美容師の男の子に（笑）」
ムロ「しかも、あの子って何だっけ？」
新井「少林寺拳法」
ムロ「のトップクラスなんだよね。浩文が〝そんな子によくケンカを売ってましたね〟って」
新井「だって、暴力になったら一瞬でやられるじゃないですか」
ムロ「ケンカを売ってた訳じゃないんだけど」
新井「でも、ケンカになったら一瞬で撃沈ですよ」
ムロ「瞬殺だなあ（笑）。でも、彼は凄く礼儀正しくて、〝しっかり結果出します〟って言ってくれたんだよ。そういうところもデキる子だった」
新井「でも、やっぱりムロさんが結果を出した人だから言えることですよね（笑）」

ムロ「違うよー！　浩文は絶対にそう言うと思ったけど、違うんだよー。結果を出せというのは……」

新井「だって、結果を出してないと説得力がないじゃないですか」

ムロ「いや、うん、普通そうなんだけど、聞いて。俺が一番言われてたことなんだよ、本広（克行／監督）さん、君塚（良一／脚本家）さんのふたりに。お酒の席で〝結果出せ！〟って言われて、3回ぐらいは泣かされた。〝ああだこうだ言うなら、結果出せ！〟。きっと、あのふたりはとにかく俺を泣かせたかったんだよ。でも、ふたりは恩師だからね。悔しくて、悔しくて」

新井「それを今、ムロさんはそのまま後輩さん達にやってるんだ（笑）」

ムロ「な、浩文。な、な、浩文。そういうひと言も、そのまま文章になるのがこの本なんだよ。恥ずかしいなあ、これ」

新井「原稿のチェックするんでしょ。よきところで切ってもらえばいいじゃないですか。本当の話ですけど（笑）」

ムロ「そう、ホントの話なんだけどさあ」

新井「映画で言うところの、完全な決めゼリフですよね」

ムロ「ギャハハハハ！」

新井「〝結果出せ！〟は、本広さんと君塚さんに別々で言われてたんですか？」

ムロ「大体、同時に。最近、忙しくてなかなか会えなくなったけどね。それとも俺を泣かせるのは飽きたのかなあ」
新井「結果を出したからですよ」
ムロ「もう、やめなさい！」
新井「結果を出しちゃったからなあ、ムロさん（笑）」
ムロ「待て待て待て！　ふたりが話してくれたのは、とにかく食べられる男になれよということ。お芝居どうこうとか、手段を選べる側に行きなさいってよく言われてた。実際、食えるようになるまでは色々大変だったね。しかも、結果を出して終わりじゃないじゃん」
新井「継続は大事ですよね」
ムロ「そう。結果を出し続けるのは難しい」
新井「ムロさん的に結果を出すって？」
ムロ「本広さんや君塚さんが言ってくれたのと同じかな。ご飯を食べられたらいいの。色んな人にお金を出してもらって食べるのもいいと思うけど、30歳を過ぎて、さらに後半に入って、まだ同じようなことをやっていたら危ないじゃない。もちろん、吉田鋼太郎さんや小日向文世さんみたいに40歳を過ぎて、みんなが知るようになった方もたくさんいるよ。でも、あのふたりはずっと舞台では真ん中に立っていたからね。俳優って、ご飯が食べられるようになってからが楽しいじゃない。俺もそうだったから。そういう意味を伝えたくて」

新井「多分、プロってお金をもらうからプロなんですよね。お金をもらわないのは、アマチュア。だから、俳優としての仕事を継続させて、バイトをしないで生活するというのがとっても大事なんじゃないですかね。人によって、生活水準は違うと思いますけど。そこは自分の判断だから。でも、後輩とメシを食って、割り勘とは言いたくないですね」

ムロ「それは言いたくないねえ。でも、恥ずかしながら、俺は瑛太や小泉孝太郎にずっとご馳走になって来たんだよね。はっきり言って、お金がなかったから。年下にお金を出してもらうなんて恥ずかしかったけど、絶対に返そうと思って」

新井「だから、ウチが行けなかった時の茶屋は全部ムロさんが払ったんですよね？」

ムロ「そう。でも、瑛太が可愛いのは俺が払うことになったら、〝カッコつけないで下さいよ〟って怒り出すところ（笑）。〝どうして怒るの？〟って聞いたら、〝昔は俺が奢っていたのに、急に奢り出すから〟って。それは怒りなのか、愛情なのか（笑）」

新井「あんなに人間臭いヤツはいないですよね」

ムロ「ホントに人間臭い」

新井「でも……ウチは〝結果出せ！〟なんて言うムロさんを見た時は、やっぱりショックでしたね」

ムロ「ん？　その話、まだ終わってないの？」

新井「言い方は悪いけど、まだ売れてない後輩とウチもたくさん呑みます。で、やっぱり言いたくなることもあるんですよ。〝それはダメ〟〝そういうところはいいんじゃない〟って。でも、ウチらは各々が判断してやる仕事だからマニュアルがないじゃないですか」

ムロ「ない、ない」

新井「だから、言い方が凄く難しいんですよ。ムロさんが言う〝結果出せ！〟は、一番の直球。もうそれでしかないですよね」

ムロ「至極当たり前のことを熱くなって言う、俺（笑）」

新井「どういう仕事でもそうじゃないですか。結果を出さないとやっていけない。やっぱり、ムロさんの〝結果出せ！〟は、結果を出した人間じゃないと言えない説得力があるんですよ」

ムロ「カッハッハッハッハ！」

新井「結果を出してないヤツが〝結果出せ！〟って言っても、〝あんたも出してないじゃないですか〟って返されるだけでしょ？」

ムロ「アハハハ、そうなんだよね。そうなんだけど、俺らの周りには若い子が手段を選んですぐに成功、というか形になる人もいるじゃない。芝居がわからなくても、凄くカッコよかったり、凄く個性的な顔を持っていたり。そのおかげで芝居のことを考える前に、ポッと出ていける。もちろん、そこから大変なこともあるんだろうけど、経験が積めるよさはあるよね。でも、そこにすぐ行けない人がうだうだ何年も経って、まだやり方や種類、好みを選んで食いたいというから、それはおかしくないかというところから熱くなってくる。成功したいと思うのはいいけど、手段を選んで結果を出せる時期は終わってんじゃないのって」

新井「過去1回、ムロさんの知り合いで粗相をした人がいましたよね？」

ムロ「昔、舞台で共演した子ね」

新井「その人がお酒の席で粗相して、ムロさんが〝お前、先輩の前でちょっとそれはやめろ〟と言ったじゃないですか。ムロさんはイメージとして楽しくて、話も面白くて、空気も読めるというのがあるけど、礼儀もしっかりしていますよね。ウチもそれはわかるし、大切だと思っています。『人間・ムロツヨシ』というなら、そこですね」

ムロ「いいよ、いいよー、浩文。それだよ！　方向性はそっちだよ」

新井「落として、上げて、落として、上げて、ですけど（笑）」

ムロ「アハハハ」

新井「ちなみに、礼儀として違うだろと思うムロさんのラインはどこです？」

ムロ「よくはわからないんだけど、その時は大先輩が贔屓《ひいき》にしているお店だっただろ。それなのに、あの人は靴を履いたまま椅子の上で横になってたじゃない。だから、〝それはやめなさい〟って言ったんだよ」

新井「最初は優しく言ってましたよね」

ムロ「〝礼儀の悪いコが来てるといわれたら、先輩の顔を潰すよ〟って。でも、酔っ払っていたから〝何で、あんたにそんなことを言われなきゃいけないの！〟って全然話が通じなくて。だから、〝それも空気が悪くなるからやめなさい！〟ってちゃんと怒ったんだよね。でもさ、浩文も義という言葉だと重くなるけど、それがあるよね。ホントに筋を通すというか」

新井「人間、生きていて、そこはとっても大事なところじゃないですか。どんな仕事でもそうですけど、ウチらの仕事は特に大事。筋とか、義理とか」

ムロ「だから、俺は浩文に信頼しかないんだよ。俺最大の信頼の形は、裏切られてもいい。裏切られたら、何か理由があるんだろうなって。それだけ。〝アイツ、裏切りやがって〟とかそういう感情は一切ない。それから顔を合わせなくても、言えないだけで絶対に理由があるんだろうと思う。もし、浩文が俺の陰口を叩いてると聞いても、俺をネタにした何か面白おかしい話があったんじゃないかなと。あるいは、何人か辿れば誰かが間違ったことを言ってるだけで、浩文にはそんなつもりはない。浩文に何があっても、そういう信頼の形は変わらないね」

新井「ウチにもそういう人は何人かいますね。ムロさんもそのひとりなんですけど。そういう人達がウチがいないところで、ウチをネタにするのは嬉しいです。例えば、ウチが行けなかった茶屋で、すげえウチのことを言ってたって聞いた時も嬉しかったなあ」

ムロ「浩文はおべっかを使わずに、礼儀はしっかりしてる。先輩達と呑む時も、龍平や瑛太と呑む時も新井浩文は変わらない。カッコいいなあと思うね。好きな先輩と一緒だったら媚びる訳ではないけど、しっかりしようとするのが普通じゃない。でも、浩文は浩文のルールで過ごしてるというか。浩文のそういうところは人間臭いね。変わらないって、難しいから。でも、北野武さんの『アウトレイジ ビヨンド』に浩文が出た時、〝最初のシーンで頭が真っ白になってセリフが出て来なかったんですよ〟と悔しそうに言う姿にこっちは嬉しくなるというか。弱いところもあるんだなって」

新井「初日はやっぱり緊張しますよ。福田組でも（笑）」

ムロ「それ。最近、嬉しいのはいつの間にか福田組になってる新井浩文」

新井「そうなんですよ」

ムロ「出会いは『ムロバナシ』だよね。俺、出来ればふたりを会わせないようにしてたの。絶対に、このふたりは合わないと思って。会わせたら、〝あんなの映画監督じゃねえ〟って浩文が怒り出すんじゃないかと思って。でも、福田さんを嫌ってほしくないから会わせないように。だから、最初はそんなに仲良くなかったよね？」

新井「そんなに話していないです」

ムロ「でも、福田さんの凄さはそこからなんだよ。ちょっと嫌われてるかもしれない人に、ちゃんとコミュニケーションを取りに行くんだよね。浩文にも〝今度、僕の作品にも出てよ〟って言ってて、〝もちろん出たいです〟って答えてたよね？」

新井「福田さんの作品を観て面白いと思ってたから」

ムロ「俺は福田さんに〝ホントに出る訳ねえじゃん〟って言ってたけどね。でも、一度出たらずっと出続けるという状況で。俺はそれが嬉しい。浩文もコメディをやるんだと思って」
新井「笑っちゃうじゃないですか、福田さんの作品は」
ムロ「その出会いが嬉しい！」
新井「そうですか（笑）。ウチはムロさんがそうやって誰に対しても人当たりのいいところを尊敬していますけど」
ムロ「そこはちょっと浩文と違うかもしれないね」
新井「『ムロツヨシ』のスイッチを入れてるからかもしれないけど、挨拶の仕方とか。自分から足を運んで挨拶するって、ウチはなかなか出来ないんですよ。そこは尊敬してます」
ムロ「うらやましい？」
新井「ウチ、人に対してうらやましいというのはないんです、ムロさんだけじゃなく。唯一あるとしたら、自分が好きだった女性とつき合った男はうらやましい」
ムロ「ガハハハハ。今出たね、新井浩文の〝思ったことを全部言えちゃう〟人間臭いところが」
新井「でも、それって思いません？」
ムロ「いやー、俺は青木崇高にそう思ったよ」
新井「優香だ！」
ムロ「帰ったら優香、ってどういうルールなんだ！」

新井「ムロさんは、深津（絵里）さんのファンでしたよね？」
ムロ「それ以上のものだね」
新井「そういう人の恋愛記事が出たら、うわってなりません？」
ムロ「なる、なる。そんな記事が出たら、相手の人を嫌いになることはないけど、しばらくは画面で観られないだろうなあ。もし、それが浩文だったら、しばらくの絶縁状態に初めて入ると思う（笑）。しかも、顔を合わせてしまったら〝会わせて〟と言ってしまいそうな自分も見せたくない。怒っている訳じゃないけど、しばらく絶縁しかないね」
新井「それぐらいになりますよね」
ムロ「それが健全な感情だよ。それをそのまま自分の言葉で言えるのが、浩文の凄いところ。俺はちょっと変えちゃったりするから。自分を守る訳じゃないけど。浩文は変えない。そこがうらやましい。浩文は嫌われるようなことをちゃんと自分の言葉で話しているから、人は聞くんだよ。そこは凄いと思う。女性と呑んでて下ネタを言っても嫌われないもんね」
新井「下ネタはリリーさんに似てると思います。トーンといい、内容といい」
ムロ「そこは尊敬する。俺には無理だから。俺は下ネタを言えないムッツリ。ホントに言えないんだよね。だから、浩文は会う度に聞くよね。〝最近、気に入ったコ、出来ました？〟って。俺はムッツリだから、聞かれないと言わないもんね？」
新井「そう（笑）」

ムロ「一度聞いても言わなかったりするから、何回も聞いてくる（笑）。浩文はホントに俺のムッツリを楽しんでるよな。本当の理解者だよ。まあ、リリーさんにも見透かされているけどね。リリーさんの、俺と浩文の扱いは全然違うからなあ」
新井「アハハハ」
ムロ「この間もリリーさんがよく行くお店に入って、〝今、います〟って送ったら、翌日の昼過ぎに〝風邪なんだよね〟。ウソだろー、これ（笑）」
新井「ムロさんに関わっている98％の人がイジりませんか？」
ムロ「イジらないのは、もう2％いるか、いないかだな」
新井「京都で会ったデキる美容師の子も2日目にはムロさんをイジってましたもん。イジり方を覚えたらしくて」
ムロ「なぜ、そうなるのか自分ではわからないんだよなあ」
新井「人間じゃないですか。キャラというか、役割。龍平をイジるヤツはいないでしょ？」
ムロ「あー、いないね」
新井「〝龍平～、オィー〟とか。ひとりもいないじゃないですか」
ムロ「そうだ、いないね」
新井「やっぱり、その人のキャラだと思いますよ」
ムロ「瑛太をイジるヤツもいないもんね」

新井「小栗君もそんなにイジられないでしょ?」
ムロ「小栗は仲良くなるとイジりやすい人間だけど、最初から出来るヤツはいないだろうね」
新井「ムロさんって、人生の中でずっとイジられてきました?」
ムロ「ずっとじゃないと思う。役者を始めてカッコつけるのをやめた25、26歳から、かな」
新井「えっ(笑)。それまでカッコつけてたんですか?」
ムロ「俺、カッコいい側の人間だと思ってたから」
新井「えっ……はっ?」
ムロ「そんなに驚くなよー。カッコいい側というか、まだ酔ってないから恥ずかしがらずに言うけど、俺も松田龍平側だと思ってたから」
新井「はあーっ?」
ムロ「雰囲気で戦えるって」
新井「ここはカットしてもらいましょう」
ムロ「ギャハハハハ。何で俺の本で、正直に話してるところをお前がカットするんだよ! 俺、あえて名前を出すけど、加瀬亮さんタイプの役者になるんじゃないかって自分で思ってたから」
新井「へっ……へえ〜」
ムロ「(笑)。それが26歳の時に、ふと〝これは違うな〟って気づいて。それから自分を営業するようになったんだよね。〝使って下さい〟〝仕事が欲しいです〟〝経験値が欲しいので、売れたいので、（役者として）食べていきたいので〟って。それからみんなイジってきて、〝なぜだろう？〟と思いながらも受け入れてたら、こんなになっちゃった」

新井「ムロさんがバラエティ番組とかで見せる人柄と、映画やドラマで演じる役柄のイメージだと思いますよ。どっちかといえば、基本的に面白いキャラじゃないですか。バラエティのべしゃりは面白いし。そこも加味して呼び捨てにされやすいですよね。一緒に歩いてても、〝あ、ムロツヨシ〟〝ムロツヨシだ〟って声が聞こえるじゃないですか。ウチはそういうのが嫌だから耳に入ると、〝ムロ、さんって付けろ！〟って言っちゃいますけど」

ムロ「そう、過去2回ね。奈良と東京ドーム前で。〝ムロツヨシだ〟という声に被せて、〝ムロツヨシさん、な！〟ってキレてたよな」

新井「でも最近はわかってきました。映像でムロさんを観てる一般の人達は呼び捨てでいいんじゃないかって。子どもでも〝ムロツヨシ！〟って言ってるし。呼びやすいんでしょうね」

ムロ「ムロツヨシは呼びやすい」

新井「『ムロツヨシ』って、ムロさんの特権というか。でも、人間としての礼儀をめっちゃ気にするギャップもあって。ムロさんって本気でキレることもあるんですか？」

ムロ「あるよ。マネージャーにも過去3回はマジギレしてると思う」

新井「仕事でキレない人間はダメですよ。特に、ウチらはプロ同士でやり合ってるんだから。

理不尽なキレ方はよくないけど。ぶつかることは誰でもあるでしょう」
ムロ「数えるほどだけど、役者仲間にキレたこともある」
新井「理路整然としたキレ方ですか？」
ムロ「いや、感情的になると理路整然じゃないと思う。感情が高ぶると何を言ってるかわからなくなってる。怒ってるから、相手の言葉を聞こうとしても理解出来ない。一度、ケンカした役者と仲直りをするために来てもらったことがあったよね？」
新井「名前も出せないし、内容も言えないですけど」
ムロ「偽名も、イニシャルも使わないほうがいい」
新井「今、イニシャルを出そうと思ったら……」
ムロ「あんまりそこは掘り下げないの！　仲直りしたんだから」
新井「あの時、ウチの周りでもやらかしていたんですよね」
ムロ「〝新井も心配してたよ〟と言ったら、〝一緒に謝りたい〟って。だから、浩文に同席してもらって。あの時、浩文はすぐ来てくれたよね？　あれは俺らの関係の大きな一歩だったなあ。これから浩文に何があっても信頼しようと思ったから」
新井「今は、ケータイもあるし、ＬＩＮＥもあるから、昔と違って俳優同士のつながりはすぐ出来ちゃいますよね」
ムロ「ただ、仲良しこよしじゃないんだよな、コイツらは。言い合ってるし、やり合ってる。

それでも関係が続いてるというのは凄いなと思う。まあ、浩文がやり合うことはないけど」

新井「そういうのは一切ないですね。ウチは芝居論とかないし（笑）。〝あ、そうなんだ〟〝凄いじゃない〟〝きっと出来るよ、それ〟ってかわしてるというか。そうやって聞いてるとケンカが始まるのもわかってきて、止めるのも上手になっていったんですよね」

ムロ「俺、ケンカってこうやって止めるんだって思いながら、浩文が止めるのを何度も見てる。ケンカを止めるのが上手いのは、新井浩文、高橋努が2トップだね」

新井「ウチと努、同い年（笑）」

ムロ「ふたりは凄い。努は無言で制して、相手の目を見て止める。最初は、こんな止め方があるんだって驚いたよ。いつもはヘラヘラしてる努がバッと間に入って、ケンカを止めると〝努さん、カッコいいッスねえ〟って思っちゃうね。俺はケンカが始まると、〝あ、あ、あ、止めようよー〟ってなるからさ、女子みたい（笑）。浩文と努はとにかく冷静なんだよ」

新井「とりあえず、すぐに止めたら、もっと熱くなりますから。ちょっとやらせないとダメなんですよ。沸点まで感情は高ぶってますからね。いざ、始まってこっちが冷静に見てると、やり合ってるほうが冷めてくる」

ムロ「そこまで仕組みがわかってなかった。俺、すぐに止めようとするからなあ。〝やめろ、やめろよー〟って。でも、最近は浩文や努のおかげで少し覚えたけどね」

新井「2％のムロさんをイジらない人って誰ですかね？」

ムロ「浩文は、俺をイジらないほうの部類だと思う」
新井「ウチは本当のことを言ってるだけで、ムロさんをイジってるつもりはありませんから」
ムロ「俺をイジらない人……」
新井「龍平！」
ムロ「いや、たまーにイジる。龍平は〝俺のことが見えてる？〟って思うことがあるから」
新井「それはムロさんだけじゃなくて、ウチも含めて〝大丈夫か？〟ってことはあります」
ムロ「ギャハハハハ、あるね。〝お前の意思でここに来てるんだよな？〟と思うことがある」
新井「瑛太もそんなにイジらないでしょ？」
ムロ「そうだね」
新井「上手なのは、山田（孝之）君？」
ムロ「山田は、上手い。ふたりきりの時、凄く優しくて、大勢でいる時はイジるルールは山田が一番上手い。ふたりの時、優しいから絶対に嫌いになれないいじゃない。超気ぃ遣いだから、俺よりも。でも、3人以上になると、ひどいことばかり言ってくるんだよね。〝今の話は面白いと思っているんですよね、ムロさん〟って言って、次の話に移る。怖いだろ？　そんなこと言う必要ある？」
新井「何のワンクッションですか、それ（笑）」
ムロ「あまりイジらないのは、それぐらいかな」

新井「ウチは現場で一緒になったことがないですから、役者仲間以外はよくわからないですけど」
ムロ「浩文とは作品が一緒になることはあるんだけどね。同じシーンに立ったことはないな。だから、浩文とお芝居したい！」
新井「ウチもやってみたいです」
ムロ「龍平とは『同期』ってドラマで一度だけ共演してるけど、浩文はないんだよなあ」
新井「そのドラマにはウチも出てるんですけどね」
ムロ「絡みがない」
新井「『闇金ウシジマくん』にもふたりで出てるのに」
ムロ「絡みはない」
新井「福田組も全部そうですね。『明烏』『銀魂』……」
ムロ「全部、絡みはないね。瑛太とも共演してるけど、デビュー作の『サマータイムマシン・ブルース』だけ」
新井「あれ以来、ないんですか？」
ムロ「ない。同じ作品もない。まさか、こんなに孝之と共演するとは思わなかった。瑛太のほうがあるかなと思ったら、一度もないし。永山絢斗も『重版出来！』でやっと共演出来て」
新井「撮影中、たまたまウチも同じ緑山スタジオで『毒島ゆり子のせきらら日記』を撮っていたことがあって。絢斗、ムロさん、黒木（華）もいると思って見に行ったら、絢斗とムロさんが芝居を作っていましたね。関係ないのに、すげえドキドキしました」
ムロ「絢斗と共演したのは、凄く嬉しかった」
新井「ウチは高校1年の時の絢斗を知ってますから」
ムロ「俺はその1年後ぐらいに知り合って」
新井「瑛太から知り合った訳じゃないですか。やっぱり友達の弟って感覚ですよね？」
ムロ「そうそう」
新井「ウチらも、元々は瑛太の紹介でしたけど」
ムロ「そう、瑛太の紹介」
新井「でも、どんどん仲良くなったのはツイッターじゃないですか？」
ムロ「だなあ」
新井「キャッキャ、キャッキャ絡んで（笑）」
ムロ「浩文はツイッターとかやるタイプじゃないと思っていたんだけど、結構楽しそうにやってるから、絡んだら絡み返してきて。お互いの絡み、絡みで、それを見てる人も楽しくなっちゃうのが続いた感じかな。そういうサービス精神は互いにあるからね」
新井「でも、ツイッターって難しいですよ。言葉がメインだから、つまんないものはつまんない」
ムロ「俺はほとんど宣伝と、浩文と遊ぶ用」
新井「それから福田さんですね」

ムロ「でも、〝今からツイッター、やるよ〟なんて連絡しないから、気づかない時もある。〝あれ？昨日、浩文が何かやってたんだ〟とか。だから、1日遅れて絡むこともあるし。ふたりで絡むと、〝キターッ！〟て言ってくれる人がいて嬉しいね。ふたりで呑んでいる時に、〝この人と呑んでいます〟と顔を出さないように遊んだり」

新井「まあ、バレますね。ムロさんのホクロで」

ムロ「うん、それは……バレるわ！」

新井「（笑）」

ムロ「まあ、浩文とこんなに仲良くなれたのは、俺にしては珍しくマイナススタートだったのもあるよね。ほとんどの人がゼロからのスタートなんだけど。浩文と最初に会った時は、瑛太、龍平、（松田）翔太がいて」

新井「瑛太クルーにムロさんが来た感じでしたね」

ムロ「楽しく呑めたんだけど、俺、ホントにお金がない頃で。だから、瑛太の誘いを最初は断ったんだよ。それでも瑛太が〝大丈夫、大丈夫。いいから来てよ〟って言ってくれて。その時は浩文と席が遠かったから1回ぐらいしかしゃべってなかったよな？」

新井「そんな感じですね」

ムロ「でも、隣に座ってた龍平と仲良くなっちゃって、カラオケに行った時に〝抜けませんか？〟って龍平に言われたタイミングで帰ったんだよね。ただ、その日の俺はお金を置い

ていかなかったじゃない。会計の時、浩文が〝瑛太の先輩のムロさんって、（お金を）置いていったの？〟って。瑛太は事情がわかってるから普通に〝置いてないけど、大丈夫〟って言ったらしいけど、〝先輩なのに、置いていかないってどういうこと？〟って浩文が怒ってるというのを面白おかしく瑛太が俺に伝えてきて」

新井「アハハハ」

ムロ「俺は、あの新井浩文が怒ってると聞いたら、次は殴られんじゃねえかと思うじゃない。でも、お金を置いていかなかったのは事実だろ。しかも、抜けるタイミングは龍平任せで。100対0で、俺が悪いことをしたと思ったんだよね。だから、それからの数年間は浩文とギクシャクしてて」

新井「でも、ウチの中では瑛太と話して終わったことなんですよ。それを瑛太が……（笑）」

ムロ「〝めっちゃ怒ってたよ〟って」

新井「全然怒ってないですから」

ムロ「あー、やっちまったなあと数年間思ってたね。ただ、瑛太の誕生日とか」

新井「イベント毎に同じ場所にはいましたよね？」

ムロ「〝あー、新井君〟って声は掛けながらも、目を合わせないようにしてた（笑）」

新井「ウチは普通ですよ」

ムロ「俺だけがぐるぐる、ぐるぐる考えて。そこからのスタートだから0になった時には加速がついてて、すぐに仲良くなってたね。でも、0になるまで3年ぐらいかかったかな。きっかけは共通の友人の結婚式だよね？」

新井「そうですね。〝披露宴の司会をやって下さい〟って連絡して」

ムロ「浩文が〝ムロさんしかいません〟って言ってくれたんだよなあ。そこから連絡を取り合っていくうちにって感じだったね」

新井「ムロさんが凄く快く引き受けてくれたのは嬉しかったです。〝俺でよければ〟って。ウチのキャラかもしれないですけど、尾ヒレを付けて言われることは多いんですよ。昔、ムロさんの先輩で」

ムロ「ウフフフ」

新井「きたろうさん（笑）。ウチは年上の方に結構可愛がられるから、あんまりイジメられたことがなかったんですよね。唯一と言われたら、きたろうさんとNHKで初めて共演した時で」

ムロ「挨拶に行った時だよね？」

新井「〝〇〇役の新井浩文です〟と挨拶したら、きたろうさんがセリフを言ってきて。これはセリフで返さないといけないなと思ったから、自分のセリフで答えたんですよ。だけど、監督と話して語尾だけ台本から変えていて。〝何だ、お前。うろ覚えじゃねえか〟って言われて。監督の許可はもらいましたと伝えても、感じ悪かったなあ。〝何だ、この人〟って思ったんですよね」

ムロ「（笑）」

新井「いざ、そのシーンが始まって。きたろうさんが刑事、ウチは少年犯罪（集団）のボス。取調室で〝全部、お前がやったんだろ？〟〝いや、俺じゃない〟って言うんですけど、最後の重いシーンで〝じゃあ、カツ丼食うか？〟ってきたろうさんが言って。まあ、スタッフは失笑ですよ（笑）。ウチは怒ってたから、〝何だ、この人。全然面白くねえな〟って」

ムロ「ギャハハハ。きたろうさんは、浩文が付き人してた大楠道代さんに可愛がってもらっているのを後から知って、さらに俺と仲がいいことを知った時に〝なあ、新井浩文って役者が俺のことを怒ってるんだろ？　荒川良々に聞いたぞ。確かに、ちょっとイジメたんだけどさあ、謝っといてくれよ。怖えよ。次は殴られるんだろ？〟って。俺の師匠は、俺と同じことを考えていたんだって（笑）。さすがだよな」

新井「確かに、きたろうさんの話はしてるけど、次に会ったら殴るとか一度も言ってないですからね。良々さんが〝新井が殴るって言ってましたよ〟と尾ヒレを付けて言ったんでしょうね。その後、10年ぶりぐらいで共演したドラマの打ち上げで、きたろうさんがバーッと走って来て、〝おーい、悪かったよー〟って」

ムロ「先手を打って、謝りに来たんだ（笑）」

新井「ウチはもう、何もないんですけど。いやー、ふたりで呑んでる時にはしない話ばかりしてますね？」

ムロ「ふたりで呑んでる時は女性の話ばっかりだもんね。さっきも言ったけど、〝今、ムロさんは上手くいってる女性はいるんですか？〟〝どんな女性がいいんですか？〟で、毎回2時間ぐらいは呑んでる」

新井「その話は絶対ですね。でもね、どこまで事実かはわからないんですけど、日本の統計で35歳を過ぎて結婚出来る男は3％ぐらいって話があるんですよ」

ムロ「ヒャハハハ！」

新井「だから、ウチらはほぼほぼ無理です」

ムロ「ほぼほぼ無理だな」

新井「ムロさんに至っては、そもそも願望がないでしょ？」

ムロ「今までは全くなかったんだよ。でも最近は、全くじゃなくなった」

新井「ちょこっと出て来た？」

ムロ「数％出て来た。というのは、寂しがり屋度がどんどん増してきたから。ひとりでいるのが本当に寂しくなってしまって。〝ひとりってつまんねえな〟と思うことがなかったのに、最近思い始めてね。そこは大きな変化だな」

新井「これで万が一、猫でも飼った日にはもう……」

ムロ「あぁー」

新井「末期ですよ」
ムロ「そういえば、俺、飼いたい犬が……」
新井「危ないッスね」
ムロ「火曜日しかやってないバーにいる犬なんだけど、浩文に紹介したいなあ」
新井「同じ種類の犬じゃなくて、そのバーにいるコがいいんですか？」
ムロ「いや、その犬種が凄く落ち着いてて、いいんだよ」
新井「ちっちゃいんですか？　大きいんですか？」
ムロ「うんとね、ちっちゃくはない。でも、大型ではない」
新井「それ、中型じゃないですか」
ムロ「（笑）。ちょっとカッコいいんだよ。猫みたいに、じっと見ているだけの犬で。どうやらその犬種は猫っぽいんだって」
新井「だったら、猫を飼ったらいいんじゃないですか」
ムロ「猫は小学校の時に飼ってたのよ。そのコのことが可愛過ぎて。生き別れになっちゃったんだけどね。家族がすぐに解散するから。猫はほかの家に預けられたんだけど、逃げちゃってそのまま行方不明。そんな別れ方だったたから、猫は飼えない。そのコのことを思い出すから、ダメなんだな。名前は、三毛猫のタマだったね」
新井「ベタ中のベタ、鉄板の名前じゃないですか」

ムロ「大好きだったなあ、メチャメチャ俺に懐いてて」
新井「なるほどね。ただ、今は阿佐ヶ谷（姉妹）さんが部屋の掃除に来てくれるんでしょ。お礼にご飯をご馳走するってことで」
ムロ「そうそう」
新井「そういう意味では、身の回りの世話をしてくれる人がいるんですよね。引っ越しでも後輩さん達が手伝ってくれて」
ムロ「今や手伝ってもらえるようになったねえ」
新井「そうなると結婚って難しいですよ。ムロさんって好きな女性のタイプは変わりました？」
ムロ「昔からサバサバしてる人が好きだけど、今はそういうのもなくなった気がする。何もない。俺、どんな人が好きなんだろう？　ホントに恋をするってどういうことなんだろう？　40歳が言うことじゃないけど」
新井「まあ、そうですよね」
ムロ「もうわからなくなってしまった。この業界だから、可愛いなあというのはあるじゃない。キレイな方もたくさんいる。だから、好きなタイプがわかんなくなっちゃって。やっぱり、性格かなあ。どういう人が好きなんだろう？　ただ、最低でもふたりでいる時に素の自分でいられる人がいいな。空気を読んだり、わーっと盛り上げたりする必要のない人。普段の俺って凄く静かじゃない。だから、過去の彼女全員が言ったのは、ニュアンスや言葉は少し違うけど、〝ウソでしょ？〟（笑）」
新井「要は無言の空気に耐えられるか。それ、大事ですよね」
ムロ「気にするのは、多分それだけだと思う。さすがに家でも『ムロツヨシ』を続けるのは無理。浩文と京都に行った時も、新幹線ではひと言もしゃべってないよね？」
新井「ウチも全然しゃべらないですから」
ムロ「ホームでビールを1杯呑みながら話して、席に着いたらほとんど無言。楽だったなあ。あれだけでもいい旅だった。京都に着くまで寝たり、起きたり、何か読んだり、隣で浩文が何やってるか確認したりしただけで」
新井「彼女がいる頃は、マスコミって意識してました？　ふたりで歩かないようにとか、手をつながないようにとか」
ムロ「あまり気にしてないかな。ふたりでよくご飯にも行ってたから」
新井「次に彼女が出来た時に同じ意識だったら、一発で撮られますよ」
ムロ「そうかなあ」
新井「まず、ウチが言いますもん」
ムロ「それはおかしいだろ！」
新井「ツイッターでも何でも使いますよ」
ムロ「浩文はそうなんだよな」

新井「ムロさんに合う女性ってどんな人だろう？　外見は好みがあるから、内面は……出来れば二、三歩後ろに下がっている女性ですね」
ムロ「あー、そうだ。その〝出来れば〟が大事（笑）。そうしなくてもいいんだけど……」
新井「出来れば（笑）、なんですよね？」
ムロ「そういう細やかさというか、気遣いというか。誰かといる時は、出・来・れ・ば・控えめにしてもらって。ここ、大事」
新井「そういうコが合うんじゃないですか」
ムロ「もう同世代の女性はほとんど結婚してるし、気づいたら難しい年になってきたな」
新井「でも、ムロさんって世間から見るとセクシーな人らしいですよ」
ムロ「俺、セクシーなの？」
新井「らしいですよ（笑）」
ムロ「ちょっと名前が呼びやすい面白おじさんじゃなくて、セクシー？」
新井「セクシーで、なおかつ抱かれたいと思われてるんですって」
ムロ「セクシー……ねえ」
新井「何回かお邪魔させてもらってる『ムロバナシ』って、観客は女のコばっかでしょ。だから、ギャグで〝バラしちゃうけど、ムロさんは毎回、ひとり持ち帰るんだよ。みんな抱かれに来たんでしょ？　抱かれたいヤツ、手を挙げろ！〟と言ったら、誰も挙げませんでしたよね？」

ムロ「……うん」

新井「でも、その後でウチのツイッターに〝あの時、手を挙げられなかったんですけど……〟というのがメチャクチャ入ってて」

ムロ「でも、そういう人とホントにふたりっきりになって、男・ムロがガッと行ったら、みんなサッと引くんだよ。〝そんな姿は見たくなかった〟って」

新井「いやいやいやいや、それは人によると思います」

ムロ「ホントに〝ムロツヨシはセクシーなのか？〟っていうのは聞きたいね。ガッ、のムロもいるから。それはもうガッとなるから」

新井「ガッとなんないとダメです、男のコは。だって、40前後で恋愛も出来ないというのは気持ち悪いでしょ？」

ムロ「……はい」

新井「しかも、俳優やってて」

ムロ「そうだよね……」

新井「キスシーンだってあるんだから」

ムロ「俺、一度もないもん！」

新井「えっ？　それ、事務所NGですか？」

ムロ「事務所NGだったら、おかしいだろ！　〝ウチのムロは……キスはちょっと……〟って、頭がおかしい事務所じゃねえか！」
新井「ああ、びっくりした」
ムロ「でも、キスシーンはないんだよな。（戸田）恵梨香ちゃんと『恋愛あるある。』って、恋愛もののオムニバスドラマをやったけど、ほかのエピソードはキスシーンがあったのに俺のだけなかったんだよ」
新井「ウチは以前キスシーンありましたよ、戸田さん」
ムロ「キスシーン？」
新井「はい」
ムロ「えっ？　何？　ん？　でも、俺は同棲って設定だったからベッドシーンじゃないけど、仲良く一緒に横にはなったんだよ。でも、ずーっと恵梨香ちゃんは爆笑してた」
新井「ウチも爆笑はされます。過去、恋愛ものをやった人全員が爆笑してます」
ムロ「浩文も爆笑されるのか」
新井「でも、これから増えるんじゃないですか」
ムロ「そうかなあ」
新井「あると思いますよ、年齢と共に」
ムロ「この年齢だから、もうないのかなと思ってた」

新井「いやいや、大人の恋愛があるじゃないですか。不倫とか」
ムロ「そろそろいいのかな。ムロに不倫ドラマ」
新井「教師と生徒、みたいな」
ムロ「あー、いいね。それで行こう」
新井「そういうの、ありますよ。絶対に」
ムロ「禁断の、ね。愛の逃避行、駆け落ちみたいな。『なぜ、ムロなの?』じゃなくて、『なぜ、あの人なの?』というタイトルで。誰もオファーはくれないけど」
新井「本当にやりたいんですか? ラブストーリー」
ムロ「多分、照れ臭いけど、やったことがないという意味でやりたいね。凄くやりたいじゃなくて。俺のキスシーンと浩文との共演、どっちが先かなあ(笑)。まあ、浩文との共演は、いつあってもおかしくないけど。話がちょっと変わるけど、浩文はモテるよな」
新井「いやいや、ウチはモテるというか、自分から行くんです。自分から口説く。だから、モテる訳じゃないですよ。モテるというのは、女のコから寄って来るってことだから」
ムロ「浩文に寄って来てるよ、女のコ。顔見ればわかるもん。このコは浩文しか見てないなって。それが新井浩文のブランドだから。男を感じるという」
新井「アハハハ」
ムロ「俺も自分から口説きに行くよ。好きかもと思ったら、自分から行く。その時はどんなに滑稽になってもいいと思ってるね。ご飯に誘って断られても、翌日にはまたご飯に誘って。駆け引きとかがわかんないんだよ。だから、グイグイ、グイグイ（笑）。でも、こんなことを話しながら、浩文が結婚したら……」

新井「ないないない」

ムロ「（笑）。でも、例えば、浩文が結婚したら、俺、どういう感覚になるのかなあ。浩文と小泉孝太郎、どっちかが結婚した時、私はどういう感情になるのかわかりません」

新井「先にムロさんが結婚するかもしれないじゃないですか。班長さん（山本浩司）も結婚したんですから」

ムロ「そう！　あれは嬉しかった。ああいうのは嬉しいなあ。結婚かあ……。〝ああ、俺、するかもな〟って思ってきた。〝一回しろ、別れてもいいから〟って、地元の同級生からも言われるようになったんだよ」

新井「離婚率って、メチャメチャ高いですからね。ウチらは記事に書かれるから目立つけど」

ムロ「そうなんだよなあ。ただ、俺の中に家族の理想形がないじゃない。親父のせいもあるけど、育ててくれたところも家族関係が少し壊れたからね。そういうのを見ているから、自分が作る家族というのが壊れる前提になっているんだよね。自分はこうならないという考え方になれないというか。どこかで親父のことが好きだし、親父と似ているところをどこかで感じているし」

新井「ウチも同意見。それをウリにしている訳でも、不幸だとも思ってないけど、ウチもボロボロですから。人生でサザエさんみたいなメシは一回もないですからね」

ムロ「（笑）」

新井「6時くらいに家族が揃って夕飯を食べるなんて」

ムロ「俺は何回かあるけど、結局おじいちゃんが酔ってキレて、テーブルの皿を叩きつける」

新井「家族みたいなものって、ウチらの近くにはないのかもしれないですね」

ムロ「近くにはないなあ。正月に行くところはあるけどね。だから、俺、ホントは家族を持たないといけない人間なのかもしれないんだよな」

新井「少し真面目な話をしちゃいましたね」

ムロ「ふたりだからなのもあるかな。基本的に、俺らが顔を合わせるのは何人かで呑む時が多いからね。あるいは、麻雀か」

新井「麻雀の話を出すんですね（笑）」

ムロ「ヤバい。何を言い出すんだ」

新井「ウチは麻雀が凄く好きじゃないですか。ムロさんはそこまでのめり込んではいないと思いますけど」

ムロ「怖くなってきた。話を振ったのは自分だけど」

新井「ウチの麻雀論は人生と一緒。その人の生き方が出る」

ムロ「ヤバい、ヤバい。これは始まる」
新井「ムロさんと打ち始めた頃は安い手で上がってばかりで、ムロさんっぽいなあってよく思ってたんですよ」
ムロ「アハハハハ。それ以上、話すの？」
新井「でも、今や結果を出して伸びてる人間になったら、麻雀も変わって来たじゃないですか。昔は言わなかった〝この手は面白くない〟〝これはつまらない〟〝これじゃカッコ悪いなあ〟って言いながら自分で役を作っていきますよね。昔は何も考えずに、ただ〝ローーン〟って言ってただけなのに」
ムロ「今の言い方は、完全にバカにしてるだろ？」
新井「色々周りが見えて、余裕が出て来たんでしょうね。だから、結果を出さないとダメなんですよ（笑）」
ムロ「アハハハ。コイツ、もう腹立つわー。ホント、浩文はいつも冷静だからね。ストレスが溜まってわーってなることはないの？」
新井「ないですね」
ムロ「今の即答だけで、俺が女だったらすぐに抱かれる。頼りがいあるわー」
新井「どれだけ簡単な女のコなんですか！」
ムロ「ブレないで即答出来る、その声のトーンと間《ま》は本音だもん。今のは抱かれる」

新井「自分のことではわーってならないです。結果、決めるのもやるのも自分だから。誰に相談しようが何しようが、そこは絶対に変わらないですからね。ただ、他人のことはウチがどうしようも出来ないから、そういうところでちょっとだけわっとなることはあると思いますけど」

ムロ「だから、浩文には言いやすいんだ。浩文は俺の悩みを聞いても、そんなにもらわないんだよ。こっちが言った悩みをどうやって解決してあげればいいんだろうって、俺と同じくらい考え込む人っているじゃない。それって申し訳なくなるから言えなくなっちゃうんだよね。浩文と努はそうじゃない。〝そうッスね〟って軽く聞いてくれるんだよなあ。で、この間、浩文が言ってくれたのは〝旅行に行きましょう〟じゃない。浩文や努のように、ただ言うだけでいい人ってありがたいよ！」

新井「そう言ってもらえるのはありがたいですけど、例えば山田（孝之）君も凄くしっかりした人じゃないですか。松田龍平と同い年だって知った時は衝撃でしたよ。例えば、ウチは龍平と一緒に舞台を観に行こうとか、遅れたら困る約束は絶対にしないです。100％遅れますから」

ムロ「ん？　お前、舞台を観に行くんか？」

新井「何をですか？」

ムロ「〝何をですか？〟じゃなくて（笑）。舞台を観に行くんだよな」

新井「だって、今年は『muro式.』ないんですよね？　小栗君とかが出るミュージカルでしたっけ？」
ムロ「そうそう」
新井「場所はどこですか？」
ムロ「多分、有楽町」
新井「いやー、遠いなあ（笑）」
ムロ「有楽町が遠い？　じゃあ、2年前、君はどこに住んでいたっけ？」
新井「三茶です」
ムロ「2年前、俺がどこで舞台をやったか知ってる？」
新井「……さあ」
ムロ「三茶でやったんだよ！」
新井「……遠いなあ」
ムロ「遠くないよ！　浩文が住んでた三茶で舞台をやって遠いって言われたらどうすればいいんだよ！」
新井「もう……ないッスね」
ムロ「お前ん家でやるしかないじゃん！」
新井「いやいや、ムロさんが出る舞台は満席になるじゃないですか。ウチが行くと、行きたいお客さんがひとり行けなくなる訳だから」

ムロ「君の初舞台には行ったんだけどね」

新井「じゃあ、ちょっと話題を変えますけど」

ムロ「話題を変えるところか？」

新井「まあまあ。その初舞台に龍平も来てくれたんですよ。終わった後に楽屋まで来てくれて。お世辞を言わない龍平が珍しく〝新井君、良かったよ〟って言ってくれたから嬉しかったんですね。そうしたら、一緒に来てた瑛太が笑いながら〝お前、30分遅れてんじゃねえか〟って」

ムロ「ギャハハハハ！」

新井「〝えっ、えっ、ちょっと待って。大事な冒頭シーン、観てないの？〟って。それで〝新井君、良かったよ〟ですからね」

ムロ「ギャハハハハ！　いやー、今回の対談は、俺としては珍しい楽しさがあったなあ」

新井「珍しい？」

ムロ「気ぃ遣いの俺らが自分の話ばっかりしてんだよ」

新井「ああ、そういう意味では貴重ですね」

ムロ「しかも、お酒を呑みながら。対談って形式じゃなかったら話さないじゃない、自分のことなんて。例えば、キャバクラに行ってもさあ」

新井「ああいう場所は盛り上げてナンボですから。巨乳のお姉ちゃんがいたら、〝おっぱい、デカいねえ！〟って声をかけて」

ムロ「だよね。その場をいかに盛り上げるか。ふたりでバトンタッチしながら、次々にターゲットを切り替えて。だから、俺らの共通語としては、『武勇伝を話さない』」

新井「いやいや。まず、武勇伝がないでしょ？」

ムロ「ギャハハハ。武勇伝ないのに、若いヤツには〝結果出せ！〟。俺のことを知らなかったら、〝コイツ、何言ってんだよ〟で終わりだな」

新井「でも、〝結果出せ！〟は名言です」

ムロ「これ、自分の本だもんね。そういうのもさらけ出さないといけないから、しょうがないか。浩文の前でも露呈してしまった事実だし。わかった。もう〝結果出せ！〟に何の弁解もしないよ！　今日は色々晒してくれてありがとう（笑）！」

あらい・ひろふみ
1979年1月18日生まれ、青森県出身。2001年デビュー。以降、映画『青い春』『ゲルマニウムの夜』『松ヶ根乱射事件』『BOX 袴田事件 命とは』『赤い季節』『その夜の侍』『愛の渦』『百円の恋』『バクマン。』『星ガ丘ワンダーランド』『葛城事件』、ドラマ『モテキ』『ゴーイング マイ ホーム』『ど根性ガエル』『下町ロケット』『毒島ゆり子のせきらら日記』『拝啓、民泊様。』、NHK大河ドラマ『真田丸』など数々の映画・ドラマに出演。また、BSフジ『美しき酒呑みたち』でのナビゲーターも好評を博している。17年の公開待機作には、『銀魂』『奥田民生になりたいボーイと出会う男すべて狂わせるガール』『斉木楠雄のΨ難』がある。

福田雄一 インタビュー

「役者・ムロツヨシについて」

役者・ムロツヨシを解き明かそうと考えた時、どうしても話を聞きたいのは、やはり福田雄一監督である。初の映画監督作である『大洗にも星はふるなり』から毎作品のように登場させ、次々に新たなムロツヨシの姿を引き出してきた。最初からその魅力に気づいていたのか。ムロツヨシと仕事をする楽しみはどこにあるのか。福田組の風神・雷神といわれる佐藤二朗とはどこが違うのか。そしてこれからの役者・ムロツヨシに何を求めているのか。たっぷりと話してもらった。

ムロ君の連載は、何かカッコつけた文章でしたね。台本でしたっけ? 自伝でしたっけ? (佐藤) 二朗さんが本を出すと言えば、あとがきを書いて、今度はムロ君ですか。でも、本当にお世話になっているウチの風神・雷神ですからね。役者・ムロツヨシについて頑張って語ってみたいと思います。

といっても、ムロ君の芝居を最初に観たのはウチの嫁なんですよね。『33分探偵』の8話でムロ君が誘拐犯を演じた時、嫁が現場にいて。誘拐される子供の役を僕の長男が演じていたんです。当時、息子が子役をやっていると知っていたプロデューサー陣が面白がって「福田さんの子供を出そうよ」と言い出して。ずーっと「嫌だよ」と断っていたんですけど、8話は僕の演出ではないからと。自分の演出でなければいいかなと息子を差し出す事になりました（笑）。だから、8話の現場に保護者として嫁がいたという訳です。

帰って来た嫁のムロ君に対する絶賛ぶりは尋常ではなかったですね。「誘拐犯の役者さんがとてもナチュラルで面白い芝居をする人だから、会ってみたほうがいいよ」と。翌日も息子が現場に入る事になっていたので「明日は、あなたが行きなさい」とも言われて。僕は書き仕事が忙しかったし、ほかの方が演出する現場はエチケットとして行きたくないというのがあったので、「嫌だよ」と断りました。でも、「絶対会っておくべきです」「これからの事を考えたら、絶対に会っておくべき役者さんだと思います」と嫁も譲らない。

そんなに言われると「どんだけやねん」と思うじゃないですか。だから、仕方なく「じゃあ、行きますか」と。翌日、「すみません、父親として来ました」と芝居の場に息子を出して書き仕事をしていた時、楽屋が同じだったムロ君と初めて言葉を交わしました。

「ムロさんですか？　福田です」

「あ、どうも。はじめまして」

初対面はそういう感じだったと思います。しかも、その日はムロ君のシーンがなくて彼の芝居は観られなかったんです。でも、撮影が早く終わったのが幸いでした。プロデューサー、ディレクター、僕、そしてムロ君の4人で焼き肉を食べに行こうよという話になって。そこで直感でしたが、ムロツヨシに一目惚れしたんですよね。

当時、僕は初の映画監督作『大洗にも星はふるなり』の準備をしていました。たまたまなんですけど、ひとつだけキャストが決まっていない役があったんです。それがムロ君の演じた猫田という役で。プロデューサーから色々な役者さんの提案はあったんですけど、猫田はなかなか選び切れなかったというか。不細工な彼女とつき合っているんだけど、美人から誘われたら浮気しますという、女性に嫌われそうな役じゃないですか。元々はウチの劇団（ブラボーカンパニー）の芝居で、ボケが上手いと思っていた子が演じたんですけど、初めてちょっとお客さんに嫌われちゃったかなという感じがあったんですよね。

つまり、僕が猫田役に求めていたのは、『どんな事を言っても憎めないヤツ』。それが最大の条件でした。ムロ君は芝居も観ていないし、焼き肉を食べながらでしたけど、「この役者さんは絶対に嫌われない」と直感で思ったんですよね（笑）。しかも、『33分探偵』のプロデューサーが「ムロの芝居、ムロの芝居」と連呼して、間違いなく気に入っている姿を見ていると、本当に誰からも好かれる人だなとわかりました。だから、

「（撮影期間のスケジュールは）空いてますか？」

「空いてます」

「じゃあ、お願いします！」

これでムロ君との交渉成立です。すぐに焼き肉屋さんの外に出て映画のプロデューサーに電話しましたね。「猫田が見つかりました。ムロツヨシさんです」と。返って来たのは「ちょっと

存じ上げないです」。それでも「シティボーイズさんの事務所に所属しているので、明日連絡して下さい」とお願いして、僕の中で「猫田はムロツヨシ」という決定事項になっていました。

ムロ君と僕は気が合うというのを実感したんだと思います。その場で聞いたmuro式の台本を「書かせてよ」と僕が言い出したほどですから。よっぽど気が合わないと僕はそんな事を言いません。今や全国ツアーをするほどになったmuro式ですけど、当時は新宿シアターモリエール（186席）が半分ぐらいしか埋まらない公演だったんですよ。そういう意味でも、ムロ君との距離が縮まるのは相当早かったと思います。

それからは僕が演出する作品にはほぼほぼ出ていると思います。ムロ君自身が「通行人でもいいから、連続出演記録を更新していく」と言ってくれたのもあります。ただ、『女子ーズ』だけはスケジュールが全く合わなくて、出演する予定はありませんでした。撮影も終盤に入って、このまま出ないのかなと思っていたところで、別の仕事で顔を合わせる機会があったんですよね。

「福田さん。俺、やっぱり『女子ーズ』に出てえ」

そう言われて、無理やり作ったのが電車の中で主人公達に絡んでくる男の役。まさかムロ君に通行人をさせる訳にはいかないので、立派な役を作りました。あの時も言っていましたね、「絶対に記録を途絶えさせたくない」と。だから、これからも出続けるんでしょう（笑）。

最近、ありがたい事に色々な役者さんのマネージャーさんから「どんな役でもいいから使って下さい」と言われます。でも、使えばいいというものではないと思うんですよ。「この役は、絶対にアイツがいい」「この役だったら、彼（彼女）が生きる」と思って、初めてお声掛けしたいじゃないですか。ただ、これだけムロ君と二朗さんが僕の作品に出るようになると、プロデューサーのほうから言ってくるようになりました。「とりあえず、ムロさんと二朗さんは押さえましょうか」と。僕はふたりに合う役がなければ別に、と思っているんですよ。でも、不思議と僕が書く台本にはふたりがいます。いなかった事は……ないですね。不思議な関係だと思います。

僕が作品を作る上で、「主演はムロツヨシで」と条件を出したのは、『新解釈・日本史』の時です。僕のスケジュールが非常にタイトな時期で、シットコム（シチュエーション・コメディ）をやりたいというのがプロデューサーの依頼でした。そのちょっと前に、『muro式．7』で坂本龍馬を取り上げた「同盟」の評判がよかったのを思い出して、あの手のものをシットコムに出来る可能性は十分にあるなと考えたんですよね。しかも、僕もスケジュールは相当苦しい。だからこその条件でした。

「一度、ムロツヨシを主役でやってみたいんですけど、どうでしょう？」

「いいんじゃないですか！」

この作品で最初に取り上げた歴史上の出来事は、本能寺の変。今までで一番面白い織田信長をムロ君が演じたと思います。あの信長なら絶対に言わないセリフのオンパレードだったんですよね。しかも、最後には「明智（光秀）に謝る。謝り倒して許してもらおう」ですからね。

あの信長は最高でした。ムロ君しか出来なかったと思います。

ムロ君は僕の笑いの生理に合う役者なんだと思います。僕は笑いという点で合致しないと組めないので。そういう意味で、ムロ君は僕が好きな笑いをもの凄く表現してくれる役者です。具体的に言えば、僕は人を傷つけるツッコミが好きではないんですよ。「バカ野郎」「ふざけんなよ」という強いツッコミよりも「え、やだ。何で?」と困っちゃうツッコミを書く事が多い。やられちゃうツッコミというか、引くツッコミというか。そういうツッコミをやってくれる役者さんにあまり出会った事がなかったんですよね。それを今までで、一番上手にやってくれているのがムロ君だと思います。

例えば、『勇者ヨシヒコ』シリーズのメレブ。あのキャラクターは「そんな事をしちゃダメでしょ!」ではなく、「やだもう、困った困った」というツッコミのスタイルを持っています。それは僕が好きなツッコミのスタイルであり、ムロ君が得意なツッコミのスタイル。そこが合致したんですよね。僕はあのキャラを〝負けキャラ〟と言っているんですけど、演じられる役者は案外少ないと思います。強く、ガツンと突っ込める役者はいっぱいいるんですけどね。もちろん、作品の中には強いキャラクターも絶対に必要なんですけど、負けも必要じゃないですか。そこを演じられるムロ君は僕の作品に合うなと思っています。ムロ君も僕の台本は読みやすいんじゃないですかね。

一方で二朗さんは好対照な存在なんですよ。ただ、ムロ君と同じように僕の好きな笑いと合致するものを持っている。二朗さんは負けキャラではないんですけど、突発的に出す言葉が僕が台本に書かずに演出で言いがちな事に似ていて。二朗さんが「ファファファファ」と笑って、次の言葉に窮して「サンセンサンセンサンセン……」と意味不明な事を言ったりするんですけど、僕はああいうのが昔から好きなんですよね。そのへんの訳のわからない感覚は僕と似ていますね。

笑いの出し方もふたりは好対照で面白いです。二朗さんは絶対に笑いの引き出しを作ってこない人。前はこの笑いがあったから、この場合はこれ、この場合はこれという引き出しを絶対に作らない。その場に応じて、その時々で思いついた笑いというか、自分の気持ちいい状況のものをポンッと持ってくる。二朗さんは本当に突拍子もないところから笑いを持ってきます。だから、二朗さんに「それをもう一度やって下さいよ」とお願いしても、「俺、何やったっけ?」と言われます(笑)。全然覚えていない。ムロ君は着実に引き出しを1個1個増やしていく人。だから、しばらく仕事の間隔が空いて新しい現場に入った時には、ちゃんとその間に得た新しい笑いを僕のところに持って来てくれるという感覚がありますね。

僕も引き出し型なので、そこの勝負感がずっとあるんですよ。二朗さんとムロ君はずっと一緒だから、あのふたりに「今回の台本は面白くないな」と思われたら終わりだという意識がありますね。逆もあると思うんです。二朗さんもムロ君も、僕に「いつものやつと変わらない。いつも見るやつだな」と思われたらマズいと考えているはずです。そのヒリヒリした感じは、互いの関係性として凄く気持ちいいですよね。

ムロ君は「福田さんの素敵なところは、僕をずっと〝君付け〟で呼ぶ事だ」とよく言うんです。僕は役者さんを呼び捨てにする事はないんですよ。基本的に〝○○君〟〝○○さん〟。二朗さん、ムロ君、山田（孝之）君、小栗（旬）君。基本的に、仕事上の関係は一線引いておきたいと思っているので。あまり関係が近くなっちゃうと許してしまうじゃないですか。ダメなところを許さないといけなくなるというか。でも、しっかり一線引いておけば、ちゃんと言うべき事を言える。言いたい事は言える関係にしておかないとダメだなと思うんです。

だから、僕が役者さんと仲が良くてしょっちゅう一緒にご飯を食べているというイメージがあるみたいなんですけど、それは誤解です。僕は滅多にお仕事の人と食事には行きません。ムロ君と「さて、一緒にメシを食いましょうか」というのは年3回あるかないかです。全然行かないです。しかも、基本的には仕事の話です。ムロ君から仕事以外で食事に誘われたのは2回だけ。1回目は傑作でした。『勇者ヨシヒコ』シリーズのパート1が終わってしばらく経った頃です。

「ちょっと相談があるので、お食事出来ませんか」

しつこいほどメールが来たんですよ。その頃、僕は忙しくて（ずっと忙しいと言っている気がする）なかなか時間が作れなかったんですけど、ようやく作った時間でお寿司屋さんに行ったのを覚えています。ムロ君の相談というのは、ヘルペス。彼はストレスが溜まるとヘルペスが出来るんですけど、ヘルペスが止まらないと。次から次にヘルペスが出来る。その理由を話し始めました。

「僕はずっと有名になりたくて役者をやって来ました。街を歩いて、〝ムロツヨシだ〟〝あ、ムロツヨシだ〟と言われたかったんです。でも、『勇者ヨシヒコ』が終わったら、そこかしこで〝ヨシヒコのヤツだ〟〝メレブだ〟と言われるようになりました。自分がもの凄く望んでいた事なのに、そういう状況になったら色んな事が怖くてしょうがなくなったんです」

それ、僕も凄く共感出来ました。ひとつ何かを得ると、その事に対する責任感とそれをもっともっと膨らませないといけないプレッシャーを感じた経験が僕にもあったからです。『33分探偵』がちょっと当たったかなという頃ですね。この先、面白いものをちゃんと書き続けられるのか凄く怖くなった事がありました。そのままムロ君に伝えましたね。でも、それまで街を歩いても、電車に乗っても気づかれなかった人が急に目立ち始めて、それを嬉しいではなく怖いと感じるところがムロ君らしいなあと思います。

ただ、そういう臆病さがないと笑いはやっていけないんですよ。「大丈夫かな、大丈夫かな」と頑張る人が笑いを作り出せる。だって、「俺、面白いから」と思った時点でお笑いは終わりじゃないですか。そこはムロ君の凄くいいところですね。二朗さんもそうです、チキン（臆病者）ですから（笑）。僕もそうです。台本を書いて提示する時は、「ちゃんと笑ってもらえるかな」とビクビクしています。やっぱりいつまで経っても臆病じゃないと面白さは引き出せないんですよ。ムロ君はずっと「喜劇に生きる」と言い続けているので、その感覚はずっと持っているんだろうなあと思います。

あ、でも、僕は基本的にムロ君に弱みは見せないですよ。一応、監督ですからね。だからなのか、僕ん家《ち》に舞台『フルモンティ』のメンバーを呼んでパーティをした時、早めに来たムロ君が嫁にとっちめられる僕の姿を見て相当喜んでいましたね。僕、嫁の話をよくするじゃないですか。だから、「初めて生々しい姿を見た」と言って。でも、出来る限り、ムロ君には弱みを見せたくないですね。気になるのは役者としてのスタンスです。最近、ムロ君が日本のテレビ、映画、バラエティでなくてはならない存在になってきたじゃないですか。どんなに売れても、そうでもない空気を持っているのがムロツヨシじゃないですか。「うわ、大物になってきた」という感じは一切しないですから（笑）。ただ、ヘタにトークが上手かったりするんですよね。僕としてはあまりバラエティ色が強くならないほうがいいなと思います。役者としてのバリューを失っちゃいますから。ムロ君は喜劇役者だから、そこは保ってほしいですね。

もちろん、役者として怖い役柄を演じるのも絶対に必要だと思います。『悪党たちは千里を走る』のような芝居も絶対にやるべきでしょうね。ただ、彼自身が何気にそういう人生を歩んできているから、怖い芝居は普通に出来る事じゃないですか。それを辛いものだからといって辛く見せずに笑いに転化出来る。そこもムロ君の素晴らしいところだと思います。

僕にもそういうところがあります。例えば、僕は医療系の作品は書いた事がありません。理由は凄く簡単です。小学生の頃、僕は気管支喘息をずっと患っていたんですよ。人間みんなが普通にやっているはずの呼吸が僕は上手く出来ない。それが自分にとって凄くコンプレックスになっていて、病気の人間を書く事が出来ないんですよね。自分がそうだったから、辛くて書けない。そういう意味では、僕もムロ君と似たところがあるのかもしれませんね。自分が持っている悲しみは悲しみで、それを私小説という形でポンッと出すのではなく、笑いに転化していく事で晴れる事があるんじゃないかと。

ムロ君の役者としての力を改めて感じたといえば、2016年の『muro式.9・5「答え」』。本当に頑張っていましたね。僕はあのmuro式の評判がすこぶるよかった理由として2つあったと思っています。ひとつは以前からムロ君にも話していたんですけど、ムロツヨシにはひとり芝居が合うという事。ただ、ムロ君的にはひとり芝居をやって思い切りスベった過去があったようで、それがトラウマになっていたそうです。本当に辛い思い出しかないんだと話していました。だから、本当に臆病になっていましたね。凄く怖がっていて、何度も台本を直されました。

それまでのmuro式は僕が書いた台本は渡しっぱなしだったんです。でも、あのmuro式は僕自身もいつもと違う事を考えていて。muro式だけではなく、テーマを作って押し出さずに全部を笑いでごまかす事が多い僕が、あのmuro式ではひとつ芯を食ったテーマが必要だろうなと思ったんですよね。

古舘伊知郎さんが『報道ステーション』から降りる最後の日に10分ぐらい話したじゃないですか。僕はあれが忘れられなかった。今、テレビをやっている者全員に対するメッセージだったと思ったんですよ。古舘さんは『報道ステーション』で言いたい事が言えないから辞めるという事だったと僕は考えていて。じゃあ、今のテレビは本当に言いたい事を言うのがいいのか、もしくは体《てい》のいい嘘を喜ばれているほうがいいのか。それを問うていたと思うんです。それを今回のテーマに取りたいんだとムロ君に話しました。「人を傷つけない嘘を言うほうがいいんですか？　人を傷つける本当の事を言うほうがいいんですか？」。だから、何度も連絡を取り合いましたね。『銀魂』の撮影中だったんですけど、5、6回は直したんじゃないかな（笑）。そうやって出来上がったのがあのｍｕｒｏ式でした。

ムロ君が最もこだわったのは、最初のエピソードで登場する市長に立候補する人物のキャラクター。最終的に嘘をつく事を覚えるというのが僕の台本だったんです。バカ正直だった人が色んな大人に揉まれて、嘘をつく事を覚えて、嘘をついたところで捕まる。嘘をついた事を反省する。でも、ムロ君はどうしてもずっと正直でいたいというのに凄くこだわっていましたね。嘘をつくキャラクターにはしたくないんだと。アイツは、いつまで経ってもバカ正直で、バカ正直が故に捕まるという笑いにしたいと言って。

そこにとことんこだわって直されましたね。全部の話がその人物を中心にリンクしていくのは最初から話していたんですけど、それは非常に成功したと思っています。自分も台本的には成功したと思いましたけど、そのキャラクターだけはこだわっていましたね。全く違ったキャラクターになるので当然ですけど。最終的には､僕が「わかりました」と。muro式に関しては、やりたい事をやりたいんだという僕はいないですから。ムロ君が演出して､主演する舞台なので。全部、ムロ君の希望に合わせて書いていったつもりです。

そんな『muro式．9・5』が素晴らしい結果で終われたのは、ひとりで怖くて仕方がないけど集まったお客さんには満足してほしいというムロ君の強い気持ちもあったからだと思います。だから、ムロ君は今まで1枚1枚増やしてきた笑いのカードを全出ししないといけなかったんですよね。

それがあのmuro式の評判の高めた2つ目の理由です。観に来たお客さんはムロ君の事を好きな人間がほとんどじゃないですか。そんな人達に対してムロ君が持っているカードを全部見せてくれたら、こんなに嬉しいものはないですよね。いつものmuro式は、3人の出演者がいます。その場合は、出すカードはそれぞれ半々程度でいいんです。全出しは必要ない。でも、『muro式．9・5』の舞台に立っていたムロ君は必死でした。本当にありとあらゆるカードを出して、なおかつその中に見た事もないカードが混じっていて。おかげで僕は観に行った時に、思った以上に面白くて割と早い段階で笑っちゃったんですよね。僕の笑い声には特徴があるので、お客さんのほとんどに気づかれてしまいました。「今日、福田が来ている」と。結構、奥の人まで振り返ってましたから。「あ、ヤバい」と思って、そこからは頑張って笑いを堪《こら》えてました（笑）。ムロ君も最初は僕がいるのを知らなかったんですけど、その笑い声で気づいちゃったらしいです。

感動したのは、カーテンコールでムロ君がお客さんに話す姿でしたね。「自分はひとり芝居でスベった経験があって、今回怖くて怖くて仕方がなかったんだけど、〝僕が台本を書くよ〟と言ってくれた戦友である福田雄一がいて……」

そこまで話して、ムロ君がボロ泣きしたんです。でも、客席にいた僕は意外に冷静で、「何、泣いてんだよ」と思っていました（笑）。ムロ君が泣いた事ですすり泣くお客さんはいっぱいいましたけどね。ムロ君のファンは僕の事を知っているし、その関係性で泣けたのかもしれません。

とにかく、あの『muro式．9・5』は凄かった。全カードを出してきたムロツヨシの気迫が凄かったというか。お客さんもあの舞台には押されていたと思います。僕とムロ君に関して言えば、台本の段階で初めてセッションする事が出来た非常にいい体験になりましたね。

これからのムロ君も変わらず……じゃないといけないと思います。もちろん、主演作品をもっとやって、役者さんとしてもっと大きくなっていくべきだと思いますけど、スタンスは変えてほしくないというのはありますね。ちゃんと笑いで勝負している人間なんだというところは変えてほしくないなあと。そのために、いつまでも遊び心を持った役者さんでいてほしいですね。「いや、僕はもうそこじゃないんで」という事は言ってほしくない。まあ、僕に関わっている以上は言わないでしょうけど。役者さんによっては、ある一定のところで「僕はもうそこじゃないんで」と言う人もいるんでしょうけど、「こんな事をしたら面白いんじゃないか」「こんな事をしたら、みんなが驚くんじゃないか」というイタズラ心をムロ君にはずっと持ち続けてほしいと思います。

年下ですけど、小栗君や山田（孝之）君はいい見本ですよね。いつまで経っても遊び心を忘れないでしょ、あのふたりは。「別にその仕事をやる必要がありますか?」というのを面白がってやっているじゃないですか。僕があのふたりを好きなのは、そこですね。「その仕事、受ける必要あったかなあ」というのをいつまでも面白がってやる。小栗君も山田君も共通しているのは「人を驚かせたい」なんですよね。いわゆる茶目っ気。くだらねえと思われる事がいつまでもやめられない。そこが魅力です。

ムロ君もそういう役者さんでいてほしいなあ。僕も3月まで久しぶりのゴールデンタイムで『スーパーサラリーマン左江内氏』という連ドラをやらせてもらいましたが、本当にふざけました。いつまでも低予算で頑張る監督のレッテルは剥がされたくないし（笑）、絶対にそこを安住の地として生きていきたいから。しかも、僕の演出でムロ君とゴールデンタイムでドラマをやるのは初めてだったし、真ん中に堤（真一）さん、小泉（今日子）さんという強い軸がいて、僕の作品に関わった役者さんが深夜と全く同じスタンスで遊んでくれたんですよね。

ムロツヨシ、中村倫也、賀来賢人、佐藤二朗、高橋克実さん、僕と深夜でやって来た人達というか、いわゆるちゃちなところでやって来た人達がまんまをやるから、凄く違和感のあるドラマになったと思います。深夜で積み上げてきたものがこんな楽しい遊びに使えるというのをゴールデンタイムでドラマを作りながら、初めて実感しました。

それでいいと思ったんです。視聴者に「何ふざけてんの！」と思われてもいいんです。僕が久しぶりにゴールデンタイムに帰って来て、深夜のノリで勝負した作品だったと思ってもらえればいい。それを最初に気づかせてくれたのがムロ君だったなというのが、僕にとっての大きな感動ですね。最初にムロ君が本当にふざけたんですよ。その時、今回はゴールデンだけど深夜のノリでふざけていいんだと気づいて。ありがたかったです。本気でふざけるムロ君に「お前、ゴールデンだと思ってカッコつけてんじゃねえぞ」と言われている感じがして。やっぱり、僕にとってムロツヨシというのは盟友なんですよ。

ふくだ・ゆういち

１９６８年7月12日生まれ、栃木県出身。90年、劇団ブラボーカンパニー旗揚げ以来、全作品を構成・演出。その後、放送作家としても活動し、ドラマや映画、ＤＶＤの監督・脚本にも携わるようになる。『33分探偵』『勇者ヨシヒコ』シリーズ、『アオイホノオ』『スーパーサラリーマン左江内氏』など数多くのドラマで構成・演出を務める。映画監督としても『ＨＫ／変態仮面』シリーズ、『俺はまだ本気出してないだけ』『女子ーズ』『明烏』『銀魂』『斉木楠雄のΨ難』などを手がけている。

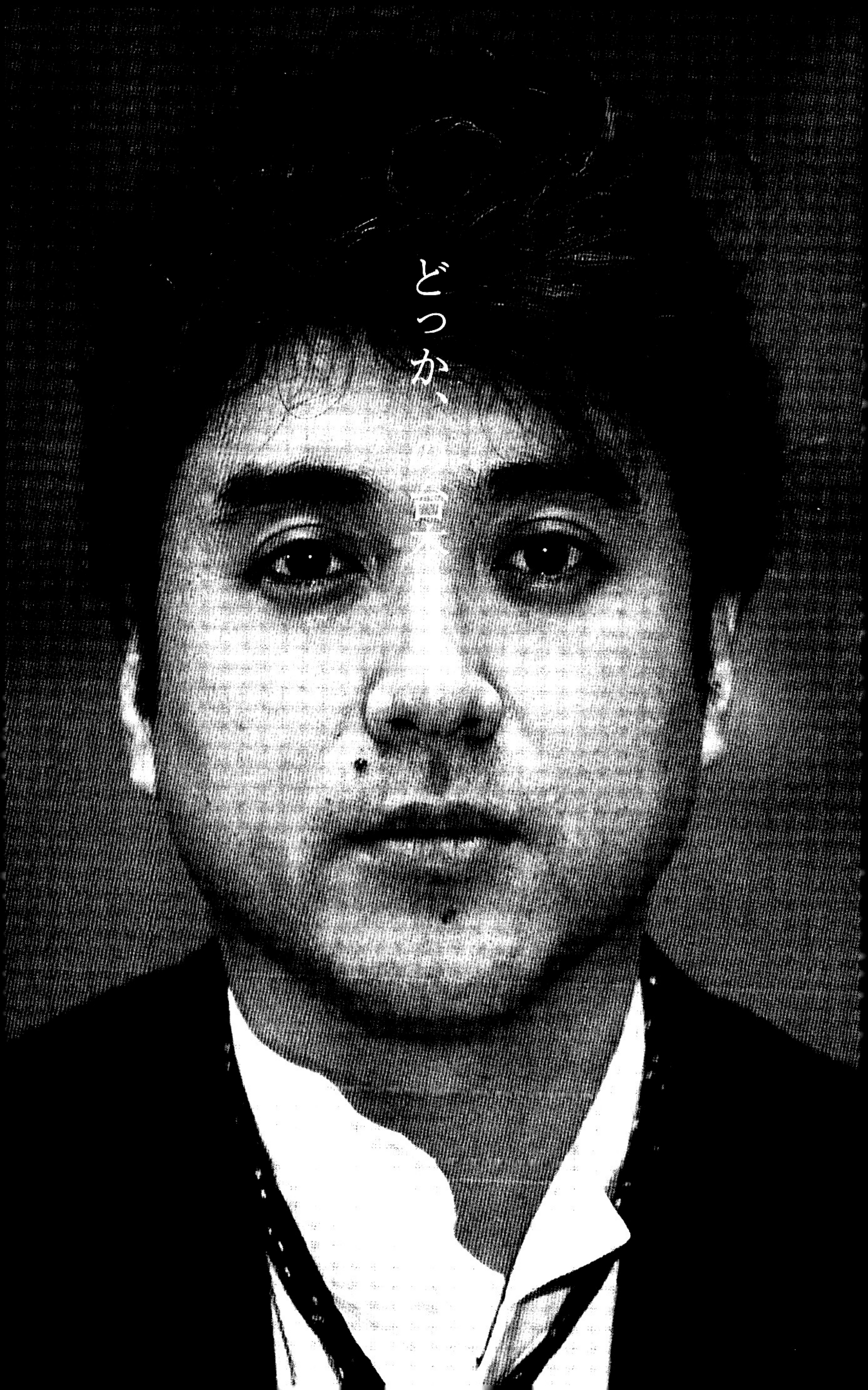
どっか、

【1】

その兄、は実家に戻ったんです、
一年半ぶりの、実家
玄関をあけ、ただいま、とかは言わず、
まぁ、なんだか言えなかっただけ、でしょうけども、
靴を脱ぎ、和室へ向かったんです、

『黒船』

廊下から足音、
そして障子の開く音、

弟「あれ？　来れたんだ」
兄「うん、やっぱね、最後ね、顔とかね、みときたいな、と」
弟「みたら、泣いちゃうんじゃない？」

兄「かなぁ、、、（顔をみて）おぉ、久々だ」
弟「去年の？」
兄「うん、正月以来、、今年は仕事ばたついてたし、、、黒船、、、明日？　なの？」
弟「うん、明日、、、、焼いちゃう」

2人、黒船をみながら、しばし会話、

兄「、、母ちゃんは」
弟「寝てる、、ってというか」
兄「ふさぎこんじゃってる、か」
弟「うん、、、そりゃ、ね、、、大学入って家出てからは、ずっと母ちゃんに任せっきりだったしね」
兄「最初は反対してたのにな、、、情がうつるから、ダメって」
弟「段ボールに入った子猫、ほっとく、ってのは難しいでしょ」
兄「小学生の純粋な兄弟には、できんよなぁ」
弟「その純粋な兄弟の母親も、段ボールに入った子猫をほっとくような息子たちじゃなくて良かったと、先ほどおっしゃっていましたよ」
兄「あらら、、、おっしゃってくれていましたか、我らの母は」

弟「ええ、半べ、かきながらね」
兄「なるほど、、、、うん、、いい母っぽいねぇ」
弟「っぽいねぇ、、うん、、いい母かもしれませんねぇ」
兄「うん、じゃあ、、いい母ってことにしましょうかねぇ」

（少しできる、間《ま》）

弟「でも言ってたよ」
兄「ん？」
弟「黒船、はないだろ、って」
兄「（少し笑いながら）ああ、名前？」
弟「うん、、たしかに白の毛並みのなかでこの黒いのは船にみえるけども、けども名前を、黒船、にするとは、、我が息子のネーミングセンスはいかがなものか、、と」
兄「いやぁ、確かにな、、はじめて歴史で黒船習ったときは、思ったもん、、随分スケールでかい命名をしてしまったもんだ、と」
弟「思ったねぇ」
兄「ちょっと接し方変わったもん、お前すげーな、つって」

弟「いやいや、こいつはなにもしてないからね」
兄「せめて、ペリーだったな」
弟「あぁ、、、いやぁ小学生の我らには、そのひねりは、」
兄「まぁ、無理だな」

二人少し笑い、やはり、黒船をみながら、

（ちょっと長い間）

兄「いまさら、だけど、、結構しちゃうなぁ、感謝」
弟「、、、しちゃうね」
兄「母ちゃんを、、、黒船に任せっきりだったな」
弟「、、、うん、、、、、」（少し、ほんと少し、半べ）
兄「、、、おいこら、、、、やめろ、、、うつる」（でも、うつった少しの半べ）

（長い間、そりゃできてしまう、長い間）

兄「、よし、、じゃ、、噂になっている、我らのいい母に、、、、メシを作ってもらおう」
弟「こんな時に？」
兄「こんな時だから、でしょうに」

（間、弟なりに察した、間）

弟『、、、、お、いい息子っぽい」
兄「だろ、、いこ」
弟「、うん」

障子のあく音、
閉まる音、
そして廊下の、二人の足音、

〈終、〉

【2】

その二人は、遊んで、その帰りだったんです
男の運転で、
でも残念ながら、つかまったんです
渋滞に、
そりゃ、進まないわけでして、

『(笑)』

二人、前を見ながら、

女「んーーーーーー」
男「イライラしなさんな」
女「んーーーーーーーーーー」
男「気楽にさ、、、待ちましょうよ、進むのをね」

（2分ほどの間《ま》）

女「なんかして、」
男「なんか？」
女「この時間を、、愉快に過ごせる話、ちょうだい」
男「欲しがるなぁ」
女「欲しがるよ」
男「、、、、、、、、、」
女「早く」
男「考え中」
女「ほれ、はよしなさい」
男「んーー、、、、」
女「おせーぞ」
男「あおるな」
女「あおるよ」

（10秒な間）

男「ファーストキス、いつ？」
女「は？」
男「いつ？」
女「なに、、質問形式？」
男「そう、その形式」
女「巻き込んできやがったな」
男「巻いてくよー、、、聞いたことなかったしな」
女「いいでしょ聞かないで、そんなの」
男「やっぱ、、、俺か、相手は」
女「んな訳ないでしょ、、、あんたの彼女になってあげだしたの3年前だよ」
男「ほほぅ、もう3年ですか、彼女になってもらってから」
女「その時、26歳、、、その前に、してるっつうの、キスなんて」
男「ほほぅ、で？いつよ？、初キスは？、、（思いつき）、、、いつ？、、、初、キッスは？」
女「なに？　なんで言い直して、キスの間にちっちゃい、ツ、をつけんのよ」
男「キッス、、、って、なんか恥ずかしくない？」
女「バカじゃないの」
男「キッス、、、ね、言ってみて」

女「、は?」
男「(笑) 言ってみて」
女「(笑) やだよ」
男「(笑) 頼む」
女「(笑) なんでよ」
男「(笑) 頼むって」
女「(笑) なに頼んでんの」
男「(笑) 早く」
女「、、、(笑いをこらえ)、、、、(こらえきれず)、(笑) なに、この会話」
男「(笑) はーやーく」
女「、、、(こらえ、なんとかこらえ)、、、、、、、、、キッス」
男「(笑)、、(笑)、、(笑)、、、恥ずかしいべ?」
女「(笑)、、(笑)、、(笑)、、、恥ずかしい (笑)」
男「(笑)、、、、、はーーーー、(笑) 疲れるわ、、、笑いつかれる、、、」

(笑い止んでからの、30秒な間)

女「、、、、、くっ（笑）」
男「、、、、、（笑）」
女「（笑）聞かないんだ？」
男「（笑）そう」
女「（笑）初キス、もういいんだ？」
男「（笑）そう、、、キッス、で満足しちゃった」
女「（笑）やるなぁ、キッス」
男「（笑）すげーな、キッス」

笑い声は終わるも、それでも、渋滞は、終わらずやはり、二人、前を見ながら、

男「（急に思いついて）よしっ、、、すっか？」
女「？、なにを？」
男「すっか？」
女「なにを？、、、（笑）キッス？」
男「（笑）、、、、、、、、、、結婚」
女「？、、は？、、？」

男「すっか？　結婚」
女「（笑）なに？、なにキッス話経由で、結婚申し込みしてきてんの？」
男「（笑）急に、そう思ったもんでねぇ」
女「（笑）急でしょ、、、渋滞中に」
男「渋滞中に、キッスだけでここまで盛り上がったら、、結婚したくなったわ」
女「（笑）もう少し、ロマンチックしろよ」
男「（笑）ロマンないな、んで、チックもないな」

渋滞中のくせに、そんな車内、

男「、、、、どぅ？」

（女なりに、考えたふうな、間）

女「、、、、（笑）してあげるよ、渋滞抜けたらね」
男「、、、、どっちを？（笑）キッス？」
女「、、、、（笑）お好きな方を」

男「（笑）迷うなぁ」
女「（笑）、、、なに、この会話」
もうしばらく、続く、渋滞、
〈終、〉

【3】

カギを開け、ドアを開け、靴を脱いで、
で気づいたんです、
青い光が点滅してるのを、

小田切「ん？」

『留守電』

小田切『、、珍しい』

、と
そりゃ、こんな、携帯主流な時代ですから家の電話に留守電は、滅多にあることでは、ない訳で、

小田切「何じゃい」

、と
青が点滅してるボタン、押す小田切
そして、スウェットに着替えながら、

電話機「〈ピー〉、、、えーーーー、おい、こら」
小田切「ん?、、」
電話機「生きてるか？　小田切、おい、こら、、、わかるか?　小田切、おい、こら」
小田切「、、、門倉、だな」
電話機「幼なじみの声、忘れてねぇか？　おい、こら、、、あえて名乗らないからな、おい、こら、、
　わからなかったら、、ぶつぞ」
小田切「どういう脅しだよ（笑）、おい、こら、てな口癖の持ち主は、一人しか知らないよ」
電話機「聞こえてんのか?、、、これ、、、あー、あー、あー、、、おい、こら、これ聞こえんのか?」
小田切「うるさいな、聞こえてるよ（笑）、、携帯にかけてくりゃ、いいじゃんか」
電話機「えー、、えー、、えー、、、ゴホン（咳払い）、、門倉です」
小田切「（笑）名乗ってんじゃんか、、、何がしたいんだ、お前は」
電話機「元気ですか？　お変わりありませんか?　都会はどうですか?」
小田切「なんで急に敬語なんだよ、、」

電話機「なんで急に敬語なんだよ、、とか言ってるんでしょうな」
小田切「、、、、コイツ、、」
電話機「会話したくないんで、、お前がいないであろう、この時間に、、、家の留守電に残す」
小田切「、、、なんじゃ、そりゃ」

小田切、まだ、着替え中、
着替えながら、

電話機「えー、、、、、あのぅ、、、、かず子、覚えてるか?、、かず子」
小田切「お前の母ちゃんな、、母親呼び捨てにするな」
電話機「かず子がな、、、小田切に会いたい、んだと、、、かず子がな、、、小田切に、、生姜焼き、食べてもらい たい、んだと」
小田切「懐かしぃ、、、よく食わしてもらったなぁ、塾行く前とかなぁ」
電話機「小田切君はおいしそうに、、、うめぇす、うめぇす、って、わたしの生姜焼き、食べてくれる、って、、、息子の親友が自分の料理、うめぇす、って食べる姿はたまらない、って、、、、どうやら、相当嬉しかったらしく、、、小田切に、もう一度、生姜焼きを、、、作りたい、んだと」

小田切「あらら、、嬉しいねぇ」
電話機「来れそうか?.」
小田切「まぁ、、仕事落ち着いたら、かなぁ」
電話機「どうだ? いつだ?.、、いつ?.、、おい、こら、、いつだ?.」
小田切「(笑)うるせー、、、会話したいんじゃんか(笑)」
電話機「どうなんだ?.、、返事は?.、、どーなんだ?.」
小田切「(笑)返事聞きたきゃ、携帯にかけてこいよ」

小田切、着替え終わり、
冷蔵庫開け、ビールとりだし、開けようとするも、

電話機「、、、、(少しな間)、、、、」
小田切「、、?.」
電話機「、、、、(やはり少しな間)」
小田切「、、ん?.」
電話機「、、、、(なぜか少しな間)」
小田切「、、留守電だぞ、、無言、ダメだろ」

電話機「、、、あれだ、、、あのー、、、、ぅん、、、かず子な、、母ちゃんな、、、あれになりやがって、な、、あれ、、、なっちゃいけないやつ、、、なったら、、ダメなやつ、、」

小田切「、、、、、」

電話機「、、、そう、、、、あれ、、、しかも、、、、、末期って、、、」

小田切、ビール持ちながら電話機、眺め

電話機「、、、手の施しようがない、って、、、、、おい、こら、、、、そんなセリフ、テレビでしか、聞いた事、、、ないぞ、、、」

小田切「、、、、、」

電話機「、、、うん、、、、ぅん、、、、ぅん、、、なんかしたい事あんか？　って聞いたら、、、11コくらい、、言いやがって、、、その中の一つに、、小田切に生姜焼きを、、って、、、おい、こら、、、どんだけ、うまそうに食ってたんだ、お前」

小田切「、、、そんなん、言われても」

電話機「、、、、、、」

小田切「、、、、、、」

電話機「、、、、、、（半べの、鼻すする音）、、、、」

小田切「、、、、、、」
電話機「、、、今なら、、まだ、やれそう、、だわ、、料理、、、」
小田切「、、、、、、」
電話機「、、、おい、こら、、、いつ、来れんだ？」
小田切「、、、、、、」
電話機「、、、おい、こら、、、、、、、、うまそうに、生姜焼き、、、食ってくんねーか？、、、〈ガチャ〉〈ピー〉
12月、3日、午後、3時、29分、一件、です、〈カチャ〉」

電話機、青い光、消える

小田切「、、、、、、」

（間）

小田切、ビール置き、携帯、手に取り、門倉、を検索、
発信ボタン、押す、
プルル、、、鳴るも、、、そりゃ、留守電につながり、

〈ピー〉、

小田切「まぁ、わかってたけどな、（無理してでも、なんとしてでも、昔と変わらぬ会話のトーンで、）、、、わざと、出ないんだろ？（笑）、、、おい、こら（笑）、、、、、、明後日の、土曜日、、、久々に、ご飯、ご馳走になりたいです、と、かず子に伝えておいて、、、急ですみません、と、、、」

電話、切る、

ビールを開けて、

で、ひとくち、

で、もうひとくち、

少しな間、

で、家の電話機が鳴る、

そんな電話機を、眺めながら、ひとくち、
電話機、留守電に切り替わる、
また、ひとくち、
電話機「、、、〈ピー〉、、、、、、おい、こら、、、」
（終、）

【4】

ペチ「、、、（あったけーなぁ）」

ペチ、いつもの座布団から離れ、伸びをし、窓から外眺め、

ペチ「、、、（春きたな、これな）」

『春がくる』

玄関、カギ開く音、

ペチ「、、、（帰ってきやがったな）」

玄関、開き、紙袋を持った男、帰ってくる、

男「ただいま、と」

男、靴を脱ぎ、コートを脱ぎ、嬉しそうに、早速、紙袋から中身を取り出しはじめ、

ペチ「ニャー（おい、なんだそれ？　なに買ってきた？）」
男「なに？　腹へったのか？」
ペチ「ニャー（ちげーよ、なに買った？）」
男「ペチよ、見よ、、、買っちゃった」
ペチ「、、、、ニャ（、、、、え、っと、それは、もしや、、）」
男「いいだろ、これ、」

男、鏡の前に立ち、着てみる、

ペチ「ニャー！ニャー！ニャー！ニャー！（またか！　また買った、コイツ！コイツ、また買った！またウィンドブレーカー買ってきた！）」
男「もう春だかんな」
ペチ「ニャー（なに?なんで？　なぜキミは毎年、春前に、ウィンドブレーカー買うの？）」

男「春は、ウィンドブレーカーで過ごさないと、な」
ペチ「ニャーニャ（なにそのルール、春はウィンドブレーカー、ってルール、、ねぇぞ、そんなルールねぇぞ）」
男「似合うわー」
男、鏡前で自分に見とれる、
（しばし、間《ま》）
ペチ「、、（、、なんでコイツに拾われたかなぁ、、）」
男、ウィンドブレーカーのチャックを開けたり閉めたりし始める、
（しばし、続く）
ペチ「、、（、、てか、拾ったのが、なんでコイツかなぁ、、）」

男、次に腕を交互に振って、ウィンドブレーカーをシャカシャカさせ始める、

（しばし、続き）

ペチ「、、、（、、、なにが楽しくてシャカシャカさせてるんかなぁ、、、）」

男、もっと激しく、これ以上ないマックスの激しさで、腕を振り、ものすごいシャカシャカさせる、

（けっこう、続き）

ペチ「、、、（、、、、、、、、、、、、、、、、、、、、、、、、、）」

男、ソファに座り込む、

ペチ「、、、（、、、疲れちゃったんだ、、、）」

男、休憩、

（けっこう長い、静寂な間）

ペチ、あくび、

男「よいせ、っと」

男、立ち上がり、紙袋から、缶詰を取り出し、キッチンへ、

男「今日は、いいやつ買って来た」

ペチ、ゆっくりキッチンへ、

男、缶詰の中身を皿へ、

男「もう春だかんな」

男、そう言い、ソファへ戻る、

ペチ、食べる、、、、ソファで休む男を見て、

ペチ「、、、（嫌いには、、なれないのだなぁ、、、）」

ペチ、また食べる、、、食べ続ける、

〈終、〉

【5】

見失ってから、もう6分は過ぎてまして、
いや、彼にとってのその6分は、
そりゃ、もう、パニックに陥るには充分すぎまして、

『初、迷子』

走りまわる、

子「、、、ハァ、、ハァ、、、」

立ち止まり、

（1分経過）

子「、、、、ハァ、、、、んぁ、、んぁ、、、あ、あ、あ、」

もう、限界

泣く、

子「んぁ、んぁ、、ああ、、、んあーーーーーーーーーー、(パニックによる号泣)」

またも、走りまわる、

野菜売り場で、立ち止まり、

(さらに、30秒経過)

子「んあーーー、あーーー、んあーーーーーーーー、(さらに、ハイレベルなパニック号泣)」

(そして、合計8分10秒経過、したところで)

まわりを見渡す、

遥か遠くに見える、鮮魚売り場に、
、、、発見、

子「！！！」

走る、
号泣はこのとき忘れて、必死に走る、
そして、、、、抱きつく、

母「あら、いた、、どこいってたのー、探したでしょー」
子「んあーーあーーーあーーー、（安堵からくる号泣）」
母「離れちゃダメでしょう？」
子「んあーーーあーーーあーーーー、（安堵をも超えて、なにかからくる号泣）」
母「泣かないの！　男の子でしょ！　みんなみてるよ」
子「んあーーーあーーーあーーーーー、（もう泣き止むタイミングなんてわからない、号泣）」
母「もう、泣く、おわり、ね？」
子「んあーーーあーーーあーーーーーー、（泣き止む方法すらもうわからなくって、号泣）」

母「この前春にトンボ組になったんでしょ、もうてんとうむし組じゃないんだよ、恥ずかしいよ、そんな泣いたら」
子「んあーーーあーーーあーーー、んあああ（最近生まれたちっさいプライドも傷つき、号泣）」
母「おかしいんだ、そんな泣いて、、いけないんだぁ」
子「んぁ、んぁ、、、、、の、っが、、い、っなった、のかと、おもっだ、」
母「、、なに？、、なんて？」
子「んぁ、んあ、、どっが、、いっちゃったのか とおもっだ！ 、、どっが、いっちゃったのかとおもっだ！」
母「（笑）、、行かないよ、、一緒にお買い物してるんでしょ？」
子「どっが！、、いっちゃったのかとおもっだ！！！（けっこう大きい声で）」
母「しー、だよ、、しー」
子「どっが！！！いっちゃったのかとおもっだ！！！！！（彼ができる最大音量の声で）」
母「（もうこの場は敗北濃厚と思い知り）、、わかった、」
子「んぁーーーーあーーーーあーーーー、（もう彼の特権としか言いようのない、号泣）」
母「泣かないで、、ね？」
子「んぁ、んぁ、、んぁ、、あ、あ、あ、あ、んあ、（号泣のむこう側の、もうぐちゃぐちゃな状態）」
母「オシマイにしよ？　お買い物しよ？」

子「んっぁ、んっぁ、、んっぁ、、、んっぁ（ぐちゃぐちゃ継続中）」
母「お買い物、楽しいよ」
子「んっぁ、んっぁ、んっぁ、、んあんあ、んっぁ（ぐちゃぐちゃ、なおも継続中）」
母「困らせないで、ね？」
子「んっぁ、んっぁんっぁ、、んあああ、んっぁ（ぐちゃぐちゃ、もうこれは確変突入）」
母「、、、、（参った）」
子「んっぁ、んっぁんっぁんっぁんっあっあ、んっぁ（ぐちゃぐちゃ、確変中）」
母「お母さん、降参、、ゴメンナサイする、ね？」
子「んっぁんっぁんっぁんんん、んああ、んっぁ（ぐちゃぐちゃ、継続記録、更新中）」
母「許して？、ね？、、、なにか欲しいものある？」
子「ポテチ、コンソメ（もちろんここは、泣き止もう）」
母「、、、あ、、、あ、、そこは、答えるんだ」
子「、、、んっぁ、、、んっぁ、、、んっぁ、っぁんあ、んっぁああああ（ぐちゃぐちゃ、再スタート）」
母「、、、なるほど、、、、なるほど、、、、、覚えた、、」

母と子、
お菓子売り場に向かって、歩き出す、

〈終、〉

【6】

女は、傘を2本持って、駅の改札に着いたところで、
携帯にメールを入れたんです、

〝改札で待ってるから〟

そして、男を待ったんです、

『めったにない、お迎え』

しばらくして、男、改札をでてくる
男も気づき、

女「おせーよ、、待たせんなよ」
男「(笑)いやいやいやいやいや、そっちが待つようにしたんでしょーよ、(笑)家で待つんじゃなかっ

たのかよ」

女「突然降り出したからさ、仕方なく、ね（笑）、傘持って行ってないの、わかってたし」

男「あぁ、そか」

二人、傘をさし、家に向かって歩き出す、

男「、、珍しいな」

女「なにが？」

男「迎えにくるとは」

女「だーから、仕方ないでしょ、、雨降ってきたんだもん」

（しばし、黙って歩く）

男「怖いな、、、」

女「なにがよ」

男「なんか、、（笑）」

女「むかつくなぁ、、傘持って行くみたいな、彼女らしいこと、したりするよ私だって」

男「そかそか、、、」

（しばし、黙って歩く）

男「傘2本持って立ってる姿みたら、さ、、、」
女「なに？」
男「ちょっといい感じしたわ（笑）」
女「ちょっとかよ（笑）」
男「素晴ら」
女「なにが？」
男「いやぁ、あんま見る光景じゃないからねぇ」
女「まぁ、こんな優しさ、めったにしないね（笑）」
男「でしょ（笑）」

（しばし、黙って歩く）

男「さて、、何食いにいく？、、、いつもの焼鳥いくか？」

女「あぁ、、、んー」
男「じゃぁ、、、何にすっか?」
女「作ってある」
男「ん?」
女「ご飯、作ってある」
男「あ、そうなの?、、昨日、外で食べたい、って」
女「言ったけどね、、気が変わったの」
男「そかそか、、、ありがたい、、、じゃあ、ビール買っていこー」
女「買ってある」
男「ん?」
女「ビールも焼酎も、買ってある」
男「、、、、、、怖いな、、、」
女「なにがよ」
男「気が、、、利き過ぎではないか、、、」
女「たまには、ね」
男「そか、、、そか」

（しばし、黙って歩く）

男「本日のメニューは？」
女「肉じゃがとサバの塩焼き」
男「！！！ちょっとー！　素晴ら！！！　夢のブッキングじゃないか！」
女「嬉しいでしょーよ」
男「肉じゃがはやはり、、、」
女「ちょい味濃いめ、ね」
男「素晴ら！、サバの塩焼きは」
女「大根おろし多め、ね」
男「素晴ら！」
女「まぁ、わかってるよね」
男「わかってるわー」
女「このメニューは、素晴ら、でしょ？」
男「間違いない、素晴ら！」
女「ただ、、素晴ら、って言葉は、まだ流行ってないからね、私のなかでは」
男「大丈夫、オレのなかでは、もう定番」

女「せめて、、素晴らし、にしない？　4文字」
男「いや、、3文字、、、素晴ら、で」
女「まぁいいんだけど（笑）、あんただけで流行ってる言葉だし」
男「いや、もはや定番だから、、素晴ら」

（しばし、歩く、、男はちょい陽気に、歩く）

男「（が、ふと気づき）、、、やはり、、気が利き過ぎだな」
女「たまには、ね」
男「、、、誕生日は再来月だろ、、、式がその一ヵ月先で、、、付き合った日も違うな、、、なんだ？」
女「なんだろね」
男「なんかあるの？」
女「なんだろね」
男「なんか、、、怒られるのか？」
女「（笑）なんで怒るのに、素晴らメニューつくるのよ」
（〝素晴ら〟が女の中で流行りだした瞬間です）

（しばし、歩く、、男は考えこみ、女は少し笑って、黙って歩く）

黙って歩くこと3分、
そして、道を曲がって、部屋へ最後の直線50ｍのところ、

（少しの間《ま》、、女にとっては長い間）

女「（少しためらうも、言いたいので、、でもちょっと無理して、さらっと）、、できた、よ」
男「？」
女「（緊張がバレるの悔しいから、さらに、さらっと）、、できてた、よ、、素晴ら、でしょ？」
男「、、　！！！」

男、立ち止まる、
女、ゆっくり歩く、、、喜んでもらえなかったらなんて、しなくてもいい不安をもちながら、歩くと、ちょっと後ろのほうから、
男の声「素晴ら！！！」、が聞こえる、

女、そりゃ、嬉しい、

男「(近づきながら) キッスすっか?、久々にキッス」

歩き続ける女、
嬉しくて、嬉しいから振り向けない女、

〈終、〉

【7】

ペチ「、、、（マジあっちーなぁ）」

ペチ、いつもの座布団から離れ、
少しばかりぐったりな感じで、窓から外眺め、

ペチ「、、、（マジ終われ、夏）」

ペチ、クーラーを見て、

ペチ「、、、（あれ、動かねーかな）」

『夏、アイスと扇風機と』

玄関、カギ開く音、

ペチ「、、、（よし、帰ってきやがった）」

玄関、開き、コンビニ袋を持った男、帰ってくる、

男「ただいま、と」

男、靴を脱ぎ、部屋に入ってくる、

ペチ「ニャー（おい、あれつけてくれ、、涼しくなるやつ）」
男「なに？　腹へったのか？」
ペチ「ニャー（ちげーよ、あれ、涼しい風でるやつ、つけろ）」
男「まぁ、待て、、、この暑さだ、、、まずは、」

男、異常な数のアイスが入ったコンビニ袋からひとつを取り出し、

男「アイス、食おう」
ペチ「ニャー！ニャーニャー！（お前、ずりーぞ！　自分だけずりーぞ！）」

男「その前に、、」

男、扇風機の前へ、

男「スイッチ、、オーーーーーーン」

扇風機、強、、回る、

ペチ「ニャーーーーーーー(ずりーーーーーぞ、自分だけ、アイスon the扇風機、強、、ずりーぞ)」
男「これ、たまらんな」
ペチ「ニャーーーーニャーーーー(その常温の風でるやつじゃなくてよ、、涼しい風でるやつ、つけろよ)」
男「クーラーは違うわ、やっぱ、、クーラーはさ」
ペチ「ニャ(なんだ?)」
男「、、、、、(間)、、、、エコじゃない」
ペチ「、、、、(なんの、間、だよ)」
男「、、、、、(間)、、、、地球ってない」

ペチ「、、、（意味わからん）」

男、アイスをひとくち、、そして、扇風機にむかって、

男「あーーーーーー」

男、自分の声が、ブレブレするのをきいて、嬉しそう、

ペチ「、、、、（はじまった、、）」
男「、、（アイスひとくち、して扇風機）あーーーーー」

男、嬉し楽し、

ペチ「、、、、（これ、いつもやるな）」
男「（アイスひとくち、して扇風機）あーーーーー」
ペチ「、、、、（なにが楽しいんかなぁ）」

男、異常な早さで食べ終わり、二つめ、突入、

ペチ「、、、、（腹こわさねぇかなぁ）」
男「（アイスひとくち、して扇風機）あーーーーー」
ペチ「、、、、（、、、、）」
男「（アイスひとくち、して扇風機）あーーーーー」
ペチ「、、、、（、、、、）」
男「（アイスひとくち、して扇風機）あーーーーー」
ペチ「、、、、（あくび）、、、、」

少しばかりの、静寂、あって

男「（アイスひとくち、して扇風機にまぁまぁデカい声で）アイス！アイス！アイス！」
ペチ「！！（ん！？　どした？）」
男「（アイスひとくち、して扇風機）アイス！アイス！アイス！」
ペチ「、、、、（とうとう、アイス！　って叫びはじめた）」
男「（アイスひとくち、して扇風機）アイス！アイス！アイス！」

ペチ「、、、、（笑）ニヤ（異様な光景だ、、笑けてきた）」

男、アイス三つめ、突入、

ペチ「、、、、（その食べ方が、エコじゃねぇもん）」
男「スリー、アイス」
ペチ「、、、（、、なんでコイツに拾われたかなぁ、、）」
男「スリー、アイスズ」
ペチ「、、、（、、てか、拾ったのが、なんでコイツかなぁ、、）」
男「スリー、スリー、スリー」
ペチ「、、、、（もう、アイス関係なくなっちゃった）」
男「んーーーーーーーーー!暑い!」
ペチ「、、、、（なんなんだよ）」

男、ソファに座り込む、

ペチ「、、、（、、やっぱ、暑いんだ、、）」

（けっこう長い、静寂な間）

ペチ、あくび、

男「よいせ、っと」

男、立ち上がり、冷蔵庫へ、缶詰取り出し、

男「今日も、冷やしといたぞ」

ペチ、ゆっくりキッチンへ、
男、缶詰の中身を皿へ、

男「夏は暑ぃかんな」

男、そう言い、ソファへ戻り、四つめのアイスを食べ始める、
ペチ、食べる、、、、ソファでアイスる男を見て、

ペチ「、、、（嫌いには、、なれないのだなぁ、、、）」
ペチ、また食べる、、、食べ続ける、
〈終、〉

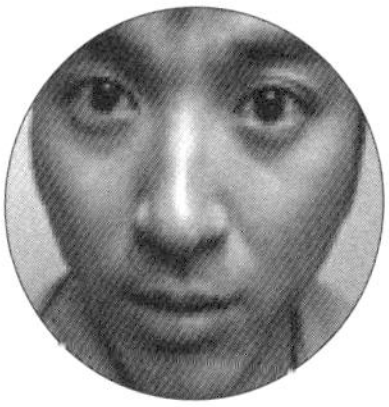

【8】

それは、住宅街
いつもの通りを、二人で帰ってまして、
いつもの道を、帰ってまして、
でも、ひとつだけ、
いつも通りじゃないこと、
が、ありまして、、、

『バイバイ』

そして、いつもわかれる歩道橋のところで、

赤「じゃ、、、、バイバイ」
黒「うん」

黒、行こうとするが、

黒「やっぱ、、うん、、こっちから帰ろ、っと」
赤「こっちからじゃ、遠くなっちゃうじゃん？」
黒「うん、でもこっちから帰る」
赤「（赤なりに、察して）、、そうするんだ？」
黒「そうする」

赤の帰り道を、二人で歩く、
けども、、、、しばし、無言で、

赤「なんか、お話してよー」
黒「うん」
赤「うん、、、じゃなくてー」
黒「うん」
赤「もー」

しばし、無言で、、、歩き、

黒「、、、どんなところ？」
赤「え？」
黒「次、住むところ、、、どんなところ？」
赤「川がねー、近いよー、、、泳げるんだよー」
黒「行ったこと、あるの？」
赤「前に行ったことある、、、お婆ちゃんの家だもん」
黒「お婆ちゃんと住むんだ？」
赤「うん、お婆ちゃんと住む」
黒「ふー、、ん」

無言、、、で、歩く

赤「元気ない？」
黒「え？」
赤「元気ないよー」

黒「そんなことない」
赤「(少し笑って)、、、私、いないと悲しい?　の?」
黒「え?」
赤「私、明日からいないから、元気ないの?」
黒「元気あるよ」
赤「ないよー」
黒「ある!!!」
赤「ない!」
黒「ある!って!!!」
赤「、、、ふー、、ん」

やはり、、歩いて、、

赤「明日から、他に一緒に帰るひと、いる?」
黒「、、、、、」
赤「、、いないよねー」
黒「いるよ」

赤「一緒に帰るひと、、　みつけられる？」
黒「、、、、」
赤「みつけられないか、、」
黒「、、　いい」
赤「え？」
黒「ひとりでいい」
赤「ひとりで帰るの？、、　つまんないじゃん？」
黒「ひとりがいい」
赤「、、　ふー、、ん」

また、　でも次は、　ずっと黙って、　歩いて、

黒「、、、、」
赤「、、、、」
黒「、、、、　川、、」
赤「ん？」
黒「川で泳ぐの、　おもしろいの？」

赤「うん、、、一度泳いだけど、おもしろかったー」

黒「、、、ふー、、ん」

そして、、、赤の家の近くになって、

赤、立ち止まり、

赤「あのね、、あとで、おウチに渡しに行こうと思ってたんだけど、、、これ」

と、赤がてさげ袋から、なにやら取り出し、

赤「これ、、、あげる」

黒「(受け取って)、、、、、なに?」

赤「手紙と、、、、あとはー、、、見てみて」

黒、赤からもらった、

手紙らしきものと、

なんだか四つ折りにされた画用紙らしきもの、

を、ぼんやり見ている、

赤「みてね」
黒「……」
赤「……ね？」
黒「……うん」
赤「バイバイ」

赤、家に向かって、走っていく、

黒、その後ろ姿を見ている、

すると、赤、急に立ち止まり、振り返って、
黒のほうに、戻ってくる、

黒、その戻ってくる赤を見ている、

そして、赤、戻って来て、
息を切らしながら、

赤「手紙書くから、書いてね」
黒「、、、、」
赤「ね？」
黒「、、、うん」
赤「また、遊びにくるね」
黒「、、、うん」
赤「遊びにきてね」
黒「、、、うん」
赤「あと、、、中学生とか、おっきくなって、携帯電話とか持てるようになったら、メールとか、たくさんしよね」
黒「、、、うん」
赤「ね？」
黒「うん」
赤「うん、、、バイバイ」

黒「、、、うん」

赤、家に向かって、走っていく、

黒、その後ろ姿をしばし見て、
四つ折りにされた画用紙らしきもの
を、広げてみる、

と、そこには、、、、

色えんぴつで描かれた、
歩道橋に向かって歩く
赤いランドセルの女の子と
黒いランドセルの男の子の後ろ姿
の、絵

黒、その絵をじっとながめ、

そして黒、自分の家に向かって走り出す、

お返しの絵を描くために、

急いで走る、黒、

揺れる背中の、黒いランドセル、

〈終、〉

［9］

〝昔はよく行っていたその家〟を訪れるのは、
まぁ、もう今や、その日くらいで、
まぁ、ですから、一年振り、、、ということで、

チャイムは鳴らさず、躊躇なく玄関を開け、

俊夫「入るよ」
婆ぁ「あら、、今年は早いね」
俊夫「うん」

『婆ぁ、の日』

こたつに婆ぁ、
テレビからは、箱根駅伝の模様、

俊夫「どこ？　1位」
婆ぁ「知らないねぇ（笑）、、見てるだけ」
俊夫「他、見りゃいいのに」
婆ぁ「お正月気分でいいじゃない」
俊夫「ん?、、、てか、テレビ買ったの?」
婆ぁ「地デジよ、、俊夫、、地デジ、、地デジ」
俊夫「覚えたてか（苦笑）」
婆ぁ「地デジにしたから、捕まんないでしょ？（笑）」
俊夫「しなくても、捕まらん（笑）」
婆ぁ「なんか、地デジにしないと悪い事してるような言われ方されてね」
俊夫「そこの電器屋?」
婆ぁ「そう、そこのお兄さんに」
俊夫「まぁ、映らなくなって、困るのは、婆ちゃんだからな」
婆ぁ「お兄さん、半笑いで、脅すのよ」
俊夫「（笑）そうでもしないと、替えなかっただろ、テレビ」
婆ぁ「修理だせば直る、と思って、相談したのに」
俊夫「電器屋のお兄さんの勝ちだな」

婆ぁ「しまいには、お孫さんがテレビ出られた時、見られなくていいんですか?、って脅されたわ」
俊夫「(苦笑) なんじゃそりゃ」
婆ぁ「だから、堪忍して、(嫌味な言い回しで) 買ったわよ」
俊夫「なんだ? (苦笑)、その言い方は」

笑う婆ぁ、
そして、こたつから出ながら、

婆ぁ「雑煮は?」
俊夫「うん」
婆ぁ「餅、、、」
俊夫「二つ」

婆ぁ、作ってある雑煮汁の鍋を火にかけ、餅を準備、、、
俊夫、ぼんやりと、箱根駅伝を、見ている、、、

ゆっくりと時間が流れる、とある1月2日、

婆ぁ「（できた雑煮を持って来て）、、、はいよ」
俊夫「うん」

そして婆ぁ、こたつに入って、箱根駅伝を見る、、、
そして俊夫、こたつに入ったまま、雑煮を食べる、、、

そして、また、ゆっくりと時間が流れる、
とある1月2日、

俊夫「親父と母ちゃんとこ、来りゃいいのに、、近いんだから」
婆ぁ「正月くらい、ゆっくりさせてあげたいの」
俊夫「誰を？、、、あぁ、母ちゃん？」
婆ぁ「そ、、、普段よく世話しに来てくれるからねぇ、、だから正月くらいは」
俊夫「正月だからでしょ」
婆ぁ「介護が必要になったら、たくさん甘える予定だから、、、それまでは、、ねぇ」
俊夫「なんじゃそりゃ」
婆ぁ「それまでは、正月は、ひとりでいい、、1月2日には、孫が来るし」

俊夫「、、、、（面白い婆ぁだなぁ、、）」

そして俊夫、食べ終わり、器をもって台所へ、、
戻ってくると、
、、、、、、こたつの上に、お年玉袋、

俊夫「（苦笑）いくつだと思ってんだよ」
婆ぁ「喜びなさい、、、孫らしく」
俊夫「28だぞ、今年で」
婆ぁ「ふぅん、、定職につかない孫は、28になるか」
俊夫「うるせぇ、婆ぁ（笑）」
婆ぁ「、、、、、ちゃんと食えてるかぃ？」
俊夫「（苦笑）なんとか、ね」
婆ぁ「テレビとか、出られそうかぃ？」
俊夫「もうしばらく、したら、、かなぁ」
婆ぁ「よし、、地デジ、、地デジにしたからね、、ね？　俊夫、地デジ」
俊夫「言いたいんだな（笑）、地デジ」

俊夫、もらったお年玉袋をポケットに、、、
そして、、、もう片方のポケットから、、、

俊夫「はいよ」

と、婆ぁに渡す

婆ぁ「なによ？」
俊夫「もらっといて、意味ないけどな」

そして、婆ぁ、、、、、嬉しそうに受けとる、
ほんと、嬉しそうに、、、

婆ぁ「なによぉぉぉ、あげた意味ないじゃない」
俊夫「そだな」
婆ぁ「もぉぉぉ、なによぉぉぉ」

ほんと、嬉しい、婆ぁ、、、

婆ぁ「もぉぉぉ、なに買おうかしら、、、ブルーレイ買おうかしら、、ブルーレイ、、ねぇ？　俊夫、ブルーレイ」
俊夫「そんな大金入ってねぇ！　嫌味か！」
婆ぁ「ブルーレイ、、ね？、、なんか凄いんでしょ、、、ブルーレイ」
俊夫「覚えなくていい、それは」

そして俊夫、箱根駅伝を見る、
そして婆ぁ、孫からのお年玉袋を、嬉しそうに、眺める、
そんな時間があった、とある1月2日、

〈終、〉

【10】

『三つの、朝』

〈シーン1〉

なにも変わらない、朝
起きてくる息子と、キッチンの母親

テロップ【3月30日、一人暮らし、始まる前日】

母親「ご飯は?」
息子「普通」
母親「お味噌汁」
息子「なに?」
母親「わかめ」

息子「いる」

そして、いつも通りにでる、卵焼き、のり、納豆
食べる、息子
それを見る、母親
ぶっきらぼうな、息子
そんなものは慣れてる、母親

母親「準備、終わったの？」
息子「なんの？」
母親「引っ越しの」
息子「ああ、終わった」

無愛想な、息子
そんなのも慣れている、母親

母親「たまには、行こうか？」

息子「は？」
母親「掃除とかしに、行こうか？　あんたの部屋」
息子「は？　いいよ、こなくて」
母親「そか」

ちょい冷たい、息子
もちろん予想できてる、母親

母親「おかわりは？」
息子「二口ぐらい分」
母親「（なぜか、ちょっと笑って）はいはい」

そんな、息子と母親
いつも通りの、朝

〈シーン2〉

もぞもぞと起きる、息子

テロップ【4月22日、一人暮らし、約3週間後】

息子「、、、、、、」

まわりを見渡す、息子

息子「、、、、、、」

また、まわりを見渡す、息子

息子「、、、、、、」

そして、息子

息子「、、、あー、、、味噌汁のみて」

そんな、息子
朝食が当たり前にあることはないことを実感する、朝

〈シーン3〉

朝食を終えた、母親

テロップ【同じく、4月22日】

身支度を整えて、母親

母親「さてさて、」

そんな、母親
初めて一人暮らしの息子の部屋に向かう、朝

〈終、〉

【11】

とある、高速道路、の下り
もう、そりゃもう、ものすっごい渋滞、
まったく動かない、とある赤い車、の車中、

『G.W drive』

無言の二人、

（長い間《ま》）

運転席「、、、まぁね」
助手席「まぁね」
運転席「こうなるね」
助手席「こうね、なるね」

運転席「あと2時間、早く出ればね」
助手席「出られてれば、ね」
運転席「それはね、、オレ、悪かった」
助手席「いやいやいや」
運転席「寝坊、っていうね」
助手席「はいはい、あれね」
運転席「予定より多めに寝る、あれね」
助手席「あれね」
運転席「それを、したばっかりに」
助手席「いや、責めない」
運転席「責めない？」
助手席「責めない、、、休日の寝坊は責めない、ね、、オレは」
運転席「なるほどね、、、ただ、、その休日がぁ、」
二人「ゴールデンウィーク」
運転席「っていうね」
助手席「しかも、初日ね」
運転席「見事にね」

助手席「ね」

（そして、また長い間）

助手席「ま、誘ったのオレだしね」
運転席「釣り、ね」
助手席「そうそう、やりたかったのね、釣り、をね」
運転席「オレもね、、あ、釣り、いいな、と思ったしね」
助手席「いいよね、釣りね」
運転席「いいね、、、ただ、、二人ともぉ、」
二人「初心者」
運転席「っていうね」
助手席「しかも、行き先決めてないからね」
運転席「とりあえず、海方向、向かってる、というね」
助手席「竿とかすら、持ってないしね」
運転席「手ぶら、ね」
助手席「ね、、よく一歩踏み出したな、というね」

運転席「よく、ドア開けたな、というね」
助手席「よく、エンジンかけたな、というね」
運転席「コイツも、よくエンジンかかったな、というね」
助手席「愛車、ね、、キミの赤い愛車ね」
運転席「反抗しないね、コイツね」
助手席「そのへん、偉いよね、、コイツとキミ見てると、、あ、オレ免許取ろうかな、と思うもんね」
運転席「しつけてるからね」
助手席「なるほど、しつけ、ね、大事なのはね」
運転席「しつけ、必須、だよね」
助手席「でた、必須」
運転席「だした、必須」
助手席「必須なら、仕方ない」
運転席「もう必須」
助手席「必須、ってのはいい単語だよね」
運転席「いいね、、必ず、って漢字が入っててね」
助手席「あの、必ず、、っていう漢字、書くの難しいよね」
運転席「あ、難しい、、バランスがね、字の配置バランスがね」

助手席「ね、、あれ上手く書けたら、いい日本人」
運転席「いいよね、いい日本人、ね」
助手席「なりたいね、いい日本人に、ね」

（またまた、長い間）

運転席「景色、変わらないもん、ね」
助手席「もうね、前の車のね、赤い後ろ姿しか、見てないよね」
運転席「あ、、、ヤバいね」
助手席「お、、、何ヤバ？」
運転席「赤、続いちゃってるね」
助手席「、、、あ、前とコイツ、赤2連」
運転席「これは、ダメだね」
助手席「ダメ、、黒や白2連ならともかくね」
運転席「黒や白はいいけど、、、赤はぁ」
二人「ダメ」
運転席「周り、目がチカチカすっからね」

助手席「チカチカ、禁止だよね」
運転席「もう、車線を変えるしかないね」
助手席「車線変更という名の、ね、あれをね」
運転席「やるね」

運転席の男、ウィンカーを出し、
ゆっくり車線変更すると、
後続車から、クラクション多めに鳴らされる、

運転席「ま、鳴らされるよね」
助手席「クラクションね」
運転席「ちょい無理めに入ったもんね」
助手席「あえてね」
運転席「あえて、暇つぶしのための車線変更だしね」
助手席「そりゃ、プップー鳴らされるよね」
運転席「ただ、、そのプップー鳴らしてる後ろの車がぁ」
二人「赤い」

運転席「っていうね」
助手席「何のための車線変更か、もはや、ね」
運転席「ウィンカーだして、サイドミラー見た時、実は気づいてたけどね」
助手席「気づいてたのを、オレ、実は気づいてたけどね」
運転席「あ、気づかれてるな、とは思ったけどね」
助手席「でも、そこでも車線変更、あえてぇ」
二人「いったよね」
運転席「ね」
助手席「ね」

そして、海からはほど遠い次のインターの出口が、
かすかに見えてきて、

運転席「そんなね」
助手席「こんなでね」
運転席「そろそろ、高速をぅ、、、おりぃ」
二人「る」

運転席「よね」
助手席「ね」

車中の二人、別に悪くもない休日、
ノロノロ動く、赤い愛車、

〈終、〉

【12】

（＊今回の台本は２００９年に公開された映画『大洗にも星はふるなり』（脚本・監督／福田雄一）のキャラクターや設定をもとに書いたものです。映画を見て頂くとより楽しく読んでもらえると思います。）

『大洗には夏がくるなり』

誰が言い始めたわけでもなく、もうそう決まってたかのように、
大洗の海水浴場の、あの海の家に集まっていたあの６人の男、
杉本、松山、猫田、仁科、林、そしてマスター

それも決められていた仕事かのように、
当然に〈海の家江ノ島〉を立てていく日々、
毎日最低３回は繰り返されるマスターの屁こき、それを毎度律儀にツッコむ仁科、そのツッコ

みはだからいらないのだと杉本は呆れ、かたや松山は誰も聞いていないのにサメについて語りだし、猫田が雑巾を林に頼めば、林はちょうちんを持って来て怒られ、それをみてなぜかニヤリと嬉しそうに顎のヒゲをかくマスター、、、そんな日々

そんな毎日を繰り返し繰り返し、何日も繰り返し、

そして、、、、

マスター「(まわりを見渡して) さてと、」
仁科「こんな感じですかねー?」
松山「うん、いいんじゃない?」
猫田「これ前よりも居心地いいぞ」
林「これ前よりも居心地いいですね」
猫田「うん、それ今オレ言った」
林「え?」
マスター「(ヒゲをかきながら満足そうに) うん、うん」
杉本「新、海の家江ノ島、、、」

6人それぞれ、思い思いに見渡したりして、
6人「、、、イェーーーーーーーイ！！！（大盛り上がり）」
仁科「人気でちゃうな、この海の家」
松山「でるでる、たくさん客集まるよ」
杉本「女だ、女が来る、女だけ来ればいい、女、、女、、女」
マスター「ねぇ、、杉もっちゃん怖いよ？　男のお客さんも入れるよー」
猫田「マスター、今年も新しいバイトの女子入れましょう、、、そして、その子と、浮気します」
マスター「お前やっぱり最低だな、、猫田くんの浮気のために新しい子なんて入れないよ」
林「よーーーーし！　それじゃあ！パーッと！乾杯でもしますか！！?」
みんな「それはない」
仁科「まだ、昼だぞ」
猫田「夜やるんだよ、夜に」
松山「買い出しはお前な」
杉本「お前、、、20回くらい叩くぞ」
林「そんな、、、叩かなくても、、」
マスター「まぁまぁまぁ、とりあえず、、新、海の家江ノ島、誕生したところでさ」

6人なんとなく、目をあわせ
杉本「じゃ、、、次、行きますか」
猫田「、、うん、行こか」
仁科「行きましょう」
松山「次にね」
林「お供します」
マスター「では、ね、、、」

6人、海の家を出て
出たところで、海を、海水浴場を、大洗を、眺める

そこには、、、去年からは想像できない悲しい大洗の姿
打ちあげられたクルーザーや、なぜか冷蔵庫やらバイク、
なにから生まれたか分からない瓦礫の山、山、山、山、、、

仁科「何日かかるかなぁ」
松山「結構かかるね」

林「かかりますね」
杉本「何日かかろうが、、、」
猫田「、、、戻す！」
仁科「、、、はい」
松山「っすね」
杉本「、、、、、いや」
猫田「ん？」
杉本「新しい大洗をつくる」
猫田「お、かっけぇ」
マスター「杉もっちゃん、珍しく、いいセリフだね」
関口「よし、いきますか！！！」
６人「？？？」

いつの間にか、一緒に立っているスーツ姿の
弁護士、関口

仁科「弁護士さん！」

松山「なにやってんですか！？」
関口「もちろん、お手伝いに」
マスター「あんた、本業は？」
関口「大忙しですよ、そりゃあ」
猫田「大丈夫なの？」
関口「大丈夫ではないですよ！！！」
マスター「だったらさ、無理しなくても、」
関口「急がないと間に合わないじゃないですか！！　夏に！！！」

（ちょっとした、間《ま》）

仁科「そうでした」
松山「急がないと」
林「きちゃいますね」

（また、間）

関口「マスター、間に合わせるんで、新しいバイトの女性のオーディションの審査員に私を、、、」
マスター「なに？　その動機、不純、、しかもオーディションじゃなくて面接ね」
関口「私好みを入れたいんです（懇願）」
マスター「あんたそもそもウチのメンバーじゃないでしょ」
関口「スーパーバイザー的な立場で私を、」
マスター「いらないよそんな人、海の家に」
杉本「よっしゃ！！！！！」

みんな、杉本に注目

杉本「ぜってー、夏！！！　間に合わす！！！」
猫田「、、、はいよ」
仁科「やっちゃいますか」
松山「おっしゃー」
林「ついていきます」
マスター「ケガしないでね」
関口「スーツで来ちゃった」

杉本「いこう」

そして、瓦礫の山に向かう、7人の男ども、

〈終、〉

【13】

とある公園、とある日陰で
もはや、無言が20分続いている、二人

しま「、、、、、（ヒマぁ）」
おづ「、、、、、（あっつ）」

『夏休み、二人、中2』

やはり、また、長い間《ま》、、

しま「、、おづ君さ」
おづ「、、お、、しま君、、やっと口開いた」
しま「開きましたな、、もはや、、開かざるを得ない状況ですよ」
おづ「ほほぅ」

しま「学校、めんちぃとは思ってたけども」
おづ「、、めんちぃ？」
しま「めんちぃ、イコール、めんどくさい」
おづ「はいはいはい、、めんちぃ、了解」
しま「学校、ないならないで、、こうなるよね」
おづ「なるね」
しま「、、、クラスメイトらは、、なにしてやがるのかねぇ」
おづ「、、、部活」
しま「、、、、、はいはい、、部活ね」
おづ「だから、、学校にいるよね」
しま「せっかくの夏休みに、学校だ」
おづ「よく、行くよね？」
しま「もう部活とか、ってさ」
おづ「うん」
しま「上下関係とか、、めんちぃよね？」
おづ「めんちぃ」
しま「よう、やりますわ」

おづ「やりますなぁ」

、、、ながーーーい、、間

しま「、、、あのさ、、、、、、、、、、、、、」

間、

しま「、、、、、、、、、、ヒマ」
おづ「溜めたね」
しま「溜めた分のヒマさを感じてるよね」
おづ「その間ね」
しま「そう、間で表現した」
おづ「伝わったわ」
しま「うん、わかってくれると信じてた」
おづ「しま君、オレも言っていい？」
しま「お、、いいよ」

おづ「これさ、、、、、、、、、、、、、、、、、」

間、

おづ「、、、、、、、、、、」
二人「暑い」
おづ「わ！　間、読んだ」
しま「読んだ、、ってか、伝わった」
おづ「いや、ピッタシだったね、完全なる同時暑い発言だった」
しま「うん、今、おづ君が感じてるのは、暑さであり、、」
おづ「であり？」
しま「暑さの度合いは、これぐらいの間で、表現するだろうなと自信あったし、、」
おづ「あったし？」
しま「今この瞬間、自信が確信に変わった」
おづ「お、、どっかで聞いた事あるような、名言っぽいやつ、でた」
しま「うん、、、名言っていいよね」
おづ「いい、、名言いい」

しま「名言いえる、40過ぎになりたいもんね」
おづ「そだね、、中2は名言いえないから」
しま「いえる必要ないもんね、中2に名言」
おづ「やっぱ、40過ぎあたりだね」
しま「40超えの、、いろいろ経験しての言葉ね」
おづ「経験からくるこその説得力ね」
しま「だからこその、、、」
2人「名言」
おづ「うん」
しま「うん」
しま「中2って、なんも知らないからね」
おづ「だって、なんも経験してないもん、、中2は」
しま「、、、、小5よりは経験してるけどね」
おづ「それはもちろん、小5よりはね」
しま「小5と一緒にされたら困るよね」
おづ「そりゃあそだよね、、だってオレら中2って、、ほら、、卒業式とかやったことあるし」
しま「、、、、はいはい、なるほどね、、小5って、、あいつら、卒園式しかやったことないんだ」

おづ「そうなんだよ、、園しかないのあいつら、、業はまだだから」
しま「園より業のほうが、、上っぽいもんね」
おづ「まぁ、間違いなく上だよね、、、」
しま「おづ君、ある?、、小5に捧げる名言」
おづ「オレから?、、えーーー、あるかなぁ」
しま「ま、名言までいかなくても、、経験からくる言葉みたいなの」
おづ「んーーーーーーーとね」
しま「待つよ、、出てくるまで」

間、

おづ「、、、、、、、、部活に入れ」
しま「、、、、、、、、、はいはいはい、なるほど」
おづ「中1の春、部活に入れ、、、で、なければ、、」
しま「なければ?」
おづ「、、、、こうなる」
しま「、、、、、、、、、、、、、、、、、響いたぁ」

おづ「ほんと?」
しま「うん、、だってさ、、経験からきてるもん、その言葉」
おづ「まぁ、、経験してますからな、、この経験通して、、この言葉を、小5に捧げたいよね」
しま「小5に、、、あいつらに、、、わかるかなぁ」
おづ「オレは、、いっていくよ、、、説いていく、、、あいつらに、、、伝わるまで」
しま「いい先輩だよね」
おづ「大事じゃん、、、そういう、、、上下関係」
しま「、、、、、、、、、、、、、大事」

、、ながーーーーーーーーーい、、間

おづ「、、、、、、、、、、部活、入ればよかったね」
しま「、、、、、、、、、、うん」

間、

しま「、、、、、、、、、、、、高校、いったら、、」

おづ「、、入ろ」

間、

しま「、、、、、、、おんなじ高校に、、、」
おづ「、、ま、もちろんだよね、、、、、」

間、

続く、間、
日が沈むまで、二人
そんな、夏休み

〈終、〉

【14】

小さい焼鳥屋、カウンターに男二人、

その二人が、その親とその子が会うのは、
長い間振りのことで、

親「、、、、、、」

子「、、、、、、」

そりゃ、会話など弾む訳も、ある訳もなく、

『報告、焼鳥屋にて』

炭をいじりながら火と向かい合う店主、
呼び出された親は、言われた時間より、

1時間前には来て、焼酎を飲み続け、

呼び出した子は、伝えた時間に、
15分ほど遅れてきて、頼んだ瓶ビールと、冷奴と焼鳥を待つ、

親「、、、、、、」
子「、、、、、、」

店主が瓶ビールとグラスひとつを運んできて、
自分でグラスにビールを注いだ子は、
もちろん乾杯などせず、グラスを口に運ぶ、

親「、、、、、、」
子「、、、、、、」

そこにある枝豆をつまむ、親
その枝豆には手をださない、子

親「、、、、、、、、」

子「、、、、、、、、」

「お待ちどおさまです」と、親と子の間に冷奴を置く店主、

何も言わず、子は冷奴の小鉢を手に取り、自分の前に置き、

自分専用の冷奴として、食べ始める、

親「、、、、、、、」

子「、、、、、、、、」

カウンターに男二人、全く会話していない状況にも、

意に介さず店主は焼鳥を焼いている、

というより、しっかり意識的に関わらないように店主はしていると見える、

親「、、、　知ってる店か？」

子「、、　？、、　うん」

親「いい店だな」

子「、、、うまいだろ」
親「あぁ、、、、ま、それだけじゃなくて、、」
子「、、、（何度かうなずいて）ま、ね」

子がこういう店を知ってるというのは、
何故だか嬉しいらしい親、

妻、母という存在はとうの昔にこの世にいないその親と子は、
7年振りにこの店で顔を合わせている、

親が7年前再婚し、
その時、社会人1年目だった子は反対する訳もないし、
むしろ賛成した、

それから会わないようになったのは、
喧嘩などした訳でなく、何故だか二人とも、
それぞれ互いを邪魔したくなかっただけで、

それだけの理由で7年会わなくても、
それはそれで、いい、親と子だった、

だからこそ、この親と子の再会、には理由がいるし、
その理由の種類は、もう限られてる訳で、

親「、、で?」
子「、、、、」
親「、、、これは悪い呼び出しか?」
子「、、、、」
親「悪くない呼び出しか?」
子「初めてこんな店で二人で酒飲むんだから」
親「、、そうか、、そういう呼び出しか」

焼酎を飲む親、
瓶から自分のグラスにビールを注ぐ子、

親「、、、、」

子「、、、、、」

注文された焼鳥を焼く店主、

親「すいません、これ、焼酎おかわり」

子「、、、、」

焼きながらも慣れた手つきで新しい焼酎を注ぐ店主、
それを眺める、親と子、

（眺める、間）

親「、、、、いい女か？、、キレイか？」

子「、、おう、、、いい女だ、、キレイだ」

親「そか（笑）、、、、オレに孫は？」

子「それはまだだ」

親「そか（笑）」

新しい焼酎を親に渡す店主、

子「同じのもうひとつ、お願いします」

親「ども」

そして、また新しい焼酎を注ぎながらも焼く店主、

親「、、、、（笑み）」

子「、、、、（ビールを飲み干す）」

見ると、焼鳥が焼けたらしく、皿にうつしている店主、

うつし終え、焼酎を子に渡し、焼鳥が6本のった皿を、親と子の間に置く、

子「ども」

焼酎をひとくち飲み、焼鳥を一本手に取り食べる子、

子「うま」

その後、そこから一本手に取り食べる親、

親「うまいな（笑み）」
子「、、、だろ」
親「、、、うん（笑み）」

そこから、また会話もなく、
というより、必要ないらしく、
そこに、焼酎と焼鳥があればいいらしく、
そんな親と子の時間は過ぎていくところに、
ふと、ボンッと、二人の目の前に焼酎の瓶、
「お二人が飲んでる酒、店からです、良かったら」

と言って、また焼鳥の炭をいじりはじめる店主、
驚く二人、
でも、

親「すみません」
子「いただきます」

子は蓋を開け、親のグラスに焼酎を注ぎ、親は嬉しそうにそのグラスを持って、ひとくち、

子「焼鳥、何本かください」

そして親は、焼酎の瓶を持って、子が持つグラスに注ぐ、
はじめて、息子に酒を注ぐ父親、

親「おめでとう」

はじめて、父親に酒を注いでもらう息子、

子　「ありがとう」

この日、とくに会話は弾まないが、
数時間かけて、この焼酎を飲みきる、
そんな親子、

〈終、〉

[15]

年が明け、3学期の始まる日、
紅白（歌合戦）を見たか否か、初詣に行ったか否か、
その程度の話題はひと通り終わった放課後、
高1の時から変わらず、そして1学期2学期と同じように帰宅しようと教室を出る高2の二人、

『たかい』

森安「なぁ高井ぃ、何か食べて帰んない？」
高山「うん、、、高山ね、オレ」
森安「、、、ああ、、ああ、そか、、高山、何か食べて帰ろぜ」
高山「うん、いいよ」
森安「何食うかなぁ」

下駄箱で靴に履き替え、しばし歩き、

森安「牛丼とマックなら、どっち？」
高山「んーー、おせちばっかだったからなぁ、、マックかな」
森安「おせち、母ちゃん手作り？」
高山「うん、毎年母ちゃん作るよ」
森安「いいなー、ウチ、デパートで注文したやつだよ、、味気ないべ」
高山「いいじゃん、うまいんでしょ」
森安「まずかないけどさ、、高井ん家《ち》の母ちゃん、料理うまいからなぁ」
高山「うん、、、高山ね、オレ」
森安「、、ああ、高山ん家の母ちゃんの料理うめぇから、おせちもうまいべ」
高山「どうだろ？、、あ、母ちゃん森安のこと気に入ってるみたいよ」
森安「なぜに？」
高山「〝森安くんはいつも私の作ったご飯を美味しい美味しいって言って食べてくれるから、嬉しい〟って」
森安「いやいや、マジうまいもん、、生姜焼きとか、唐揚げとか、あ、カレーもヤバかったなぁ」
高山「喜ぶよ、それ言ったら」
森安「店出せるよ、高井ん家の母ちゃん」
高山「うん、オレ、」

森安「あ、、高山ね、高山ん家の母ちゃんね」
高山「うん、喜ぶ喜ぶ」

そろそろ校門を出て、いつもの通学路へ
しばし歩き、

森安「、、、、もう、高井で良くね？」
高山「え？」
森安「名前、名前」
高山「ああ」
森安「高井でいいべ？」
高山「駄目だよ、高山に慣れなきゃ」
森安「いやいや、こっちだって、やっとこさ高井に慣れてきたとこなんすよ」
高山「うん、うん、うん、まぁね、、わかる」
森安「高井歴、何年だ？」
高山「中2から高井だから、、3年かな」
森安「高井時代、短かったなぁ」

高山「ま、母ちゃんにとってはいい長さでしょ」
森安「でもさ、だってさ、まずさ、基本オレにとって、お前は、高木だからね」
高山「まぁね、スタートは高木だもんね」
森安「そう、高木スタートなんですよ、小1で出会って高木スタート、、で、そっから中1まで、7年間、高木時代でしょ」
高山「うん、まあオレは13年間、高木時代ね」
森安「ああ、そか、、生まれてからだもんね」
高山「そうそう、高木で生まれてきたわけだから」
森安「なるほどね、、まぁそれで中2の時に、、高井になるわけじゃん、、高井時代に」
高山「そだね、母ちゃんの旧姓ね、高井ね」
森安「ね、、、いやぁ、対応に追われましたよ」
高山「追われましたな」
森安「高木から高井、じゃん」
高山「そうそう」
森安「もう、なんつうの、、、似過ぎ」
高山「高、から始まるしね」
森安「ね、、しかも語尾がさ」

高山「木と井、ね」
森安「あのぅ、、母音が一緒なんだよね」
高山「そうなんだよね」
森安「（呼んでみる風に、少し大きめの声で）高木ぃぃぃ、、、高井ぃぃぃ」
高山「、、、、どっちも振り向くね」
森安「でしょ、、、でも、まぁ、息子サイドが嘆いていてもね」
高山「そうそうそう、こちらサイドやっぱ苗字選べないからね」
森安「ね、、だから、高井にさ、意識的に〝呼び方のシフトチェンジ〟したさ」
高山「ありがとう、シフトチェンジ」
森安「で、さ、、、やっとこさ高井に慣れ親しんだ今日この頃、新年あけましたぁ、、」
高山「あけましておめでとう、今年からオレ、高山になりました」
森安「、、うん、変わっちゃったなぁ、また、、微妙に」
高山「いい人だよ」
森安「、、、うんうんうん、それは良かったんだけども」
高山「クリスマスに入籍した、って」
森安「、、、うんうんうん、ロマンチックなんだな」
高山「お年玉貰える人が一人増えましたぞ」

森安「、、うんうんうん、ポジティブ、いい息子だ、、うん、それよりさ、」
高山「ん?」
森安「えっと、、高井から高山かぁ」
高山「高山時代到来、シフトチェンジ、願います」
森安「いや、するけどもさ、なぜだろう、、なぜ〝高〟しばり?」
高山「母ちゃんも悩んだらしいぞ、、また〝高〟かぁ、って」
森安「あ、悩んだんだ」
高山「でも、名前で結婚断るのも、ねぇ」
森安「、、まぁ、な」
高山「だから、、ま、いっか、って」
森安「で? お前は?」
高山「ま、いいんじゃん、って」
森安「、うんうん、いい息子だな、ものわかり良過ぎるな」
高山「さ、さ、高山時代いつまで続くかなぁ?」
森安「、、普通、ずっと続くんだけども、、うん、急に冷静に、終わりがあるテイの言い方やめて」
高山「終わりなき時代になりますかねぇ」

高山、携帯、メール受信音なり、みる

森安「もっとさ、全く違う名前に変わるなら、対応しやすいんだけどもなぁ」
高山「（メールみながら）どんな？」
森安「んー、、、高井から〝梶ヶ谷〟とかさ」
高山「お、かなり違うね」
森安「いっそ、、〝小比類巻〟とか」
高山「お、嫌いじゃない、、小比類巻」
森安「会ったことないけどな、小比類巻ってひと」
高山「なぁ、森安よ」
森安「ん？」
高山「母ちゃんからメールで、シチュー作ったけど森安くん連れてくれば、って」
森安「、、、、、ま、行くよね」
高山「シチューもヤバいよ」
森安「マジか、、初シチューだ」

シチューを思いながら歩く森安と、返信メールを打ちながら歩く高山森安「あれ？　もしかしているの？」
高山「だれ？」
森安「新しいお父さん」
高山「ああ、高山さん？　仕事でいないと思うよ」
森安「そかそか、、いたら緊張しちゃうかんな、よかった」

しばし歩き、、、、、ふと、

森安「高山さん、って呼んでんの？」
高山「まぁね、、、父的呼び名なぁ、、、いやぁ、こっからのシフトチェンジはね、」
森安「うんうんうん、難度高いね」
高山「高いねぇ」

歩く高2の二人、
道はいつもの通学路、

〈終、〉

【16】

あの次の年の3月

とある晴れた春らしい日、

とある人が思いました、

『桜で、飲も、今年は』

もうすぐ咲くだろうその色がかったその木の下を通ったあとで、

〈終、〉

【17】

いつもの場所で
いつもの窓から
いつもの景色を眺めながら、

ペチ「、、、、（ヒマだな、、）」

そして、相変わらずのあくびをするペチ

ペチ「、、、、（なにがＧＷだよ）」

『♪じゃ♪』

ガチャガチャとドアノブにカギが刺さる音、
ペチ「、、、、（もう、帰ってきやがったな）」

ドアが開いて
何やら紙袋を持って、部屋に入ってくる男、

男「ただいま、と」
ペチ「ニャー（おい、お前、もうすぐGW終わるぞ）」
男「さてさて」
ペチ「ニャー、ニャ（どっか遠出しないのか?、お前）」
男「なんだ?腹へったのか?」
ペチ「ニャーー、ニャー（ちげーーよ、、せっかくの連休だろ、ゆっくりどっか行かないのか?）」
男「ふ、、、やはり、ばれてるか」
ペチ「ニャ（なにが?）」

すると男、
紙袋からなにか物体を出したり入れたり
リズムにのって繰り返し始める、

男「♪じゃ、じゃ、じゃ、じゃ、じゃじゃ、じゃっ、じゃじゃじゃ♪」

ペチ「、、、、（、、なんか始まった）」

男「♪じゃじゃじゃじゃじゃ、じゃっ、じゃっじゃじゃじゃ♪」

ペチ「、、、、（、、意味不明だ）」

さらに男、そのリズムに足の動きをつけ始め

男「♪じゃー、じゃじゃじゃ、じゃー、じゃじゃじゃっ♪」

ペチ「、、、、（、、なんか、ステップ踏みはじめた）」

男「♪じゃじゃじゃ、じゃっ、じゃっ、じゃーーーー♪」

ペチ「、、、、（、、なんだ、この光景は、、）」

さらにさらに男、もはや全身がのってきて、

男「♪じゃじゃ、じゃーじゃー、じゃじゃじゃっ♪」

ペチ「、、、、（不思議な踊りが目の前で行われてる、、、）」

男「♪じゃ、じゃ、じゃ、じゃー、じゃっじゃっ♪」

ペチ「、、、、（あーーー、こわい）」

まだまだ男、全力で続け、

男「♪じゃじゃー、じゃ、じゃじゃー、じゃー♪」

ペチ「、、、、（なんでコイツに拾われたかなぁ）」

男「♪じゃじゃじゃじゃじゃじゃじゃじゃじゃじゃ♪」

ペチ「、、、、（てか、なんでコイツが拾ったかなぁ）」

男「♪じゃっじゃーーーーーーーーーーー♪」

ペチ「、、、、（お、終わるか）」

男「♪ちゃ♪」

と、踊り終える男

ペチ「、、、、、（最後、、ちゃ、になっちゃった）」

そして、紙袋から、物体をだし掲げる

男「ばばぁーーーーーん！」
ペチ「、、、、ニャ（、、なに、それ？）」
男「驚いたか？、、これは、、」
ペチ「、、、ニャ（それは？）」
男「お前の、新しい、、、ご飯の皿だ！」
ペチ「ニャー（お、マジかー）」
男「どうだ？」
ペチ「ニャー（でも、なんで？）」
男「気に入ったか？」
ペチ「ニャーー（ま、新しいのは嬉しいよね）」
男「さらに、今日はいいやつの缶詰買ってきたぞ」

と男、缶詰をだすと

ペチ「ニャー！ニャー！ニャニャー！（おい！それ！　めちゃくちゃいいやつじゃんか！）」

男「ハァ、ハァ、待て待て、いまこの皿に盛るから」

と男、慣れた手つきで皿に盛り、

いままであった皿の場所に、新しい皿を置く

男「さ、食えい」

ペチ「ニャーーー！（やったーーー！）」

とペチ、新しい皿に盛られたいいやつに、がっつく

それを見て嬉しそうに男、

男「こどもの日だからな」

ペチ「、、、、（あ、そういうことか）」

ペチ、すごい勢いでがっつくがっつく
…………が、ふとして

ペチ「ニャ（ん？）」

気づくペチ、

ペチ「ニャー！（おい！　オレ、お前の子供でもないし、大人だぞ、もう！）」

と男を見るペチ、
すると男は……
踊り疲れたのか、ソファに座り、肩で息をしている

男「……ハァハァ……ふぅ……」
ペチ「…………（…………）」

男をしばし見るペチ、そして、

ペチ「、、、、（嫌いにはなれんのだなぁ）」
とペチ、新しい皿をなめ回し始める、
ソファではまだしばらく動けないだろう男、
そんな5月5日の夕方、

〈終、〉

【18】

居酒屋、
2杯目のビールを飲み終え、
テーブルにはウーロンハイと焼鳥の食べかけの串3本、
黙って座ってる男（36）、ひとりで、

『15年前と、ひとり飲み』

ウーロンハイをひとくち飲み、

過去「うめーか？」
今「はい」
過去「ウーロンハイなんてどこがうまいんだ？」
今「うまいすよ」
過去「おっさんが飲むもんだろ」

今「おっさんですよ、もう」
過去「ましてやひとり飲みとか、オレにはあり得ないぞ」
今「でしたねぇ、ほんと、案外いいすよ」
過去「ふーん」

焼鳥を食べ
ウーロンハイをひとくち、

過去「忙しくなったか?」
今「ぼちぼちっす」
過去「やったなぁ」
今「ええ、まぁ」
過去「羨ましいぞ」
今「はい」
過去「続けた甲斐があったなぁ」
今「、、、ありましたねぇ」
過去「満足してんの?」

今「んーーー、、いやぁ、、、」
過去「え、まだ?·」
今「んーーー、、まだまだ、っすねぇ」
過去「ほほぅ、まだまだ? もっと出来ると思ってたんだ?·」
今「出来るかどうかはわからないすけど、、、」
過去「けど?·、なんだ?·」
今「、、、ずっと、やってたいですねぇ」
過去「ほほぅ、それ一番難しいだろ」
今「なんすよねぇ」
過去「欲張るねぇ」
今「ええ」
過去「欲しいんだねぇ」
今「ええ」

ウーロンハイ、ウーロンハイ、

過去「こっから、また大変だろう?·」

今「……っすねぇ」

ウーロンハイ、ウーロンハイ、ウーロンハイ、

過去「たのしいか?」
今「え?」
過去「今、たのしいか?」
今「それがっすね……」
過去「……なんだ?」
今「……めっさたのしいす」
過去「溜めんな、気持ちわりぃ、めっさ、なんて言葉つかわねぇだろ」
今「っすねぇ」

ウーロンハイ、

過去「いいなぁ」
今「はい?」

過去「オレ、バイトしかしてないもん」
今「ああ、でしたね」
過去「あのさ、、少しさ、、、分けてよ」
今「無理っす、分けたら、今、違うふうになっちゃいますから」
過去「つまんねーんだもん、オレ」
今「申し訳ないんすけど、そのままやっててもらって」
過去「、、、マジかぁ、溜まるよぅ」
今「その溜めが、、ある日、、ガッ、といきますんで」
過去「なんだよ、その、、ガッ、て」
今「ガッ、てあるんすよ」
過去「いつだよ、そのガッ、は」
今「そっから、、、だいぶ経ってからですけど、ガッ、は」
過去「ガッ、待てるかなぁ」
今「待ってもらわないと、、きますから、ガッ」
過去「いつだよぉ、ガッ」
今「正直にいいますと、そっから6年後に、ガッ、きます」
過去「6年後!、、ガッ、6年後!?」

今「ガッ、6年後す」
過去「そんなに続けられねーよ、こんな毎日」
今「いけます、っつうか、いけましたから」
過去「あと6年もこれかよぉ、、」

ウーロンハイ、ウーロンハイ、

過去「、、続けたのかぁ」
今「はい？」
過去「お前は続けたのかぁ、この毎日」
今「結果的に、そうでしたね」
過去「そかぁ、、」

ウーロンハイ、ウーロンハイ、ウーロンハイ、ウーロンハイ、

今「かなり感謝してます」
過去「ん？　なにに？」

今「この仕事、選んでくれて」
過去「ああ、、うん、、結構勇気いったよー」
今「でしたねぇ」
過去「でも、、うん、、でも、、うん、、そかぁ、、感謝されるのか、お前に」
今「、、、はい、、してます」
過去「そか、、されるのか、、そか、、」

ウーロンハイ、ウーロンハイ、

過去「お前にも、くるの？」
今「はい？」
過去「お前にも、また、ガッ、くるの？」
今「ああ、、、ええ、、また、ガッ、こさせますよ」
過去「こさせられる？　ガッ」
今「きますよ、ガッ」
過去「2度目のガッ？」
今「2ガッ、きます」

過去「2ガッ?」
今「2ガッ」
過去「2ガッ?」
今「2ガッ」
過去「もはや、2ガッ、て意味わからんな」
今「2ガッ」
過去「言いたいのね」
今「2ガッ」
過去「うん、酔ってるのね」
今「2ガッ」
過去「酔ってるね」
今「2ガッ」
過去「そかそか」

ウーロンハイ、ウーロンハイ、ウーロンハイ、

過去「続けるしかないんだなぁ」

今「2ガッ」
過去「お前、たのしそうだもんなぁ」
今「2ガッ」
過去「いいなぁ、そんなふうに酔っぱらいてぇなぁ」

ウーロンハイ、

今「、、、こんなふうに酔っぱらいますよ、、、15年後に」

そして、男は店員に、

男「すみません、ウーロンハイおかわり」

頼んでから、いまあるウーロンハイを飲み干す男、
あと、しばらくは飲むだろう男、

〈終、〉

【19】

街子がつくり終えた朝食をテーブルに並べている、その時だった、
その時は突然やってきた、
中学2年生である息子が朝食の並んでるテーブルに座った時、

それが、その時だった、

街子「おはよ、、、」

と、息子を見たとたん、
街子は言葉に詰まった、
すぐに、
いつも通り振る舞わなければ、
そうは思ったものの、
もう、いつも通りというのがわからなくなっていた、

その理由は、、、

『息子が髪をセットしてきた』

光沢があまり見受けられないところから
整髪料はワックスと想像できる、
ところどころ重力に逆らったトップの髪、
左向きと右向きを不規則にアレンジした前髪、
無造作であると見られたい願望がうかがえる
確固たる意志をもったヘアスタイル、

街子は思った、

「我が息子が、今日無造作ヘアデビューしようとしている」

なにかコメントしなければ、そう考えたが
やめた、

母ならばわかるのだ、
今の息子が何を考えてるか?
手に取るようにわかる、
息子はいま、こう考えてる

「ふれてくれるな」
もうそれに疑いの余地はない、
だからこそ、一刻も早く
いつも通りに振る舞わなければならないのだ、

「、、いつも通り、、、」
街子は考える、
ただ考えれば考えるほど
いつも通りというほぼ無意識に近い行動が

わからなくなっていく、
進んでいく時間、息子は朝食を口に運び続けている、
その姿をみて、
「そうか！」

街子は思いついた、
というより、思い出した、
こういう時わたしは牛乳を息子に出していた、
と、

街子はすぐに実行に移す、
思い出せば早い、
何年もやっている行動である、
自然と体が動く、
右手で棚からグラスをとった瞬間には
すでに左手は冷蔵庫を開けている、
そしてグラスをシンクに置いたときには、牛乳がそそがれはじめている、

笑みがこぼれた、
「全く無駄のない動き、これこそルーティン」

そして街子はこのとき、
野球選手がよくいう「調子の良いときはボールが止まって見える」
その言葉が頭をよぎった、

「わたしも今すべてが止まって見える」
ボールでないのだから、止まってるのは当然だが、
街子は日常の動きを取り戻しはじめていた、
牛乳がグラスにそそがれ終わった、

が息子、、が立った、

息子「もう行く」
街子「!?」

息子がテーブルから離れていくのを見て、
街子は気づいた、
「そうだった」
なにに気づいたか、
それは
「わたし以上に、息子は日常を見失ってる」
ということ、
当然だった、
今日はデビューなのだ、
本人にとって特別な日である、
〝息子のいつもと違う朝食のペース〟は予測できたはずだった、
「くっ、、」
しかし街子に後悔している暇はない、
息子は荷物を持ち、もう玄関に向かっている、
「どうする?.」

玄関まで見送るようなことは、いつもならしていないが、

「このままでいいのか？」
その時、街子はテーブルに違和感を感じた、
置いた記憶のない黒いものがある、

街子「あ、、」
それは、息子の腕時計だった、
街子にチャンスが訪れた、
今まで一度もなかった、
非日常な出来事、
〝息子腕時計忘れチャンス〞

街子は素早く腕時計を手に取ると、
自分でも驚くほどの冷静さで、

街子「あ、腕時計忘れてるわよぅ」
そして、玄関に向かう
「よし、〝いってらっしゃい〞それだけ言おう」

それで母として十分な振る舞いと思えた、
玄関に着くと、息子は街子を見て

息子「ああ」
言い方はぶっきらぼうだった、
だが街子は面と向かって言えるだけ良かった、

街子「いってらっしゃい」

さりげない笑顔で、そこそこ日常のトーンで言えたことに
母なる自分を褒めてもよいと思えた、

そして、息子は振り返り、ドアノブに手をかけた、
その時だった、

街子は見た、

見てしまった、
息子の後頭部を、、　後頭部の寝グセを、

そこから街子のみる光景は、スローモーションで展開していく、

ドアノブをまわす息子
開いていくドア
そこから差し込む日差し
日差しのなかにとけ込んでいく息子、の後頭部の寝グセ
閉まっていくドア、

そして街子はひとりとなった、

初めてのヘアセット、
鏡で見えない後頭部はおろそかになったのだろう、

〝意識した無造作〟の裏に

〝本当の無造作〟が存在していた、

街子は思う、
「我が息子のデビュー戦はおそらく敗北だ、
だが息子よ、、負けたことが大きな財産になる」

あのバスケ漫画の名言を勝手にパクり、
息子に捧げて、

街子の体は自然と、
いつも通り、朝食の片付けを始めた、

〈終、〉

【20】

じっとして、聞いてる沙知絵、

マチコ「やっぱ、言わせたいのよね。こっちから、言っちゃったら、好き度がさ、こっちが上みたいじゃゃん。あっちが私を、呼び出してぇのぉ、あっちが告白しぃのぉ、私は少し悩んでる風いれてぇのぉ、すこしの間《ま》をいれてぇのぉ、、、じゃ、そこまで言うんなら、、みたいなね」

聞いている沙知絵、

マチコ「これが理想的？　いや、理想ではなく、、、当たり前の範囲で。この当たり前を、どう仕向けるか、ってことなのよね」

聞いている沙知絵、

マチコ「わかる?」
沙知絵「、、、まぁ、、うん」
『すぐに終わった作戦会議』
マチコ「いまの私の戦略としてはね、〝あなたに興味ないわよ風味のそっけない態度〟を採用してるんだけども、、、そろそろ、もうそろそろ次の段階に移行しようと思うのね」
とにかく、聞いている沙知絵、
マチコ「〝興味なかったはずなのになぜか気になって仕方ないんだよ風味のそっけない態度〟という方向にシフトチェンジするの」
どっちにしろそっけない態度なんだ、
と思いながらも聞いている沙知絵、
マチコ「そんな態度を、待ち伏せして、実行するの」

待ち伏せという単語にひっかかるものがあるものの、
聞いている沙知絵、
マチコ「時間がないじゃない、残された時間が、、もう、どんどん動いていくしかないのよね。携帯電話とかあれば、もっとやりようはあるんだけど、、、まだ、持たせてもらえないし、、」
マチコ「ね？　わかる？」
そろそろ、聞いているだけの状況ではいけないな、
と感じた沙知絵、
マチコ「ん？」
沙知絵「、、、、んーーーー」
マチコ「んーーー？なに？、、なに、んーーーーー？」

沙知絵、たっぷりに、意味深の間、、、、

沙知絵「、、、、あっちに、彼女風な人がいた場合は、、、どうする?」

マチコ「いや、いないでしょーーー。まだ、いないでしょーーー。まだ、、、」

沙知絵「、、、、、、、、」

マチコ「、、、、、、え?」

沙知絵「、、、、、、、」

マチコ「、、、いないよね?」

沙知絵「、、、、、」

マチコ「、、、、、え?」

沙知絵「、、、、」

マチコ「、、、、知ってんの?」

沙知絵「、、、、」

マチコ「、、、、いるの?」

沙知絵「、、、」

マチコ「、、、だれ?」

沙知絵「、、、、、、、、、、、、、、、、、、」

マチコ「、、、（この空気を確実に読み切ったマチコの間）、、、、、、、、、、え！？」
沙知絵「、、、、、」
マチコ「、、、さちえ、、、ちゃん？」
沙知絵「、、、、、」

空気が読めるマチコ、
マチコは、少しずつ女になっていく、
そんな、マチコの小学6年の3学期、

〈終、〉

【21】

そこは1階で、
男と女が、
上へ行きたい意思を伝えるその見慣れた三角のボタンを
押したのが15時ぐらい、
そこから、待ちに待たされている二人、

『ベーター待ち』

男「もはや、業者を呼ぶレベルに達したな」
女「何分？」
男「15時25分」
女「もう20分は待ってるよね？」
男「だな、、、ど田舎の電車待ちみたいなレベルだな」
女「え？　階段で行ってたら、そろそろ着いてた感じ？」

男「んーーー、13階分の階段をのぼったら、それぐらいか」
女「まさか、13階を歩こうとは思わないよね？」
男「そりゃ、思いませんな」
女「なにこれ？　どうすればいいの？」
男「（見渡して）まず管理人さんは見るからにいないよね」
女「いない」
男「やはり、業者を呼ぶかなと」
女「じゃあ、呼びなよ」
男「うん、それがね、、連絡先がわかればしたいけどもね」
女「（エレベーターを見て）、、、まさかの？」
男「まさかの、連絡先エレベーターの箱の中にしか表示していないパターンのベーターみたいでね」
女「なに、この、ベーター」
男「、、、うん、、、」

しばしの間、

女「だいたい、何階にいるの？　ベーターは？　乗るべき箱は？」
男「そう、それね」
女「このベーターさ、まさかの」
男「そう箱が何階にいるかわからないパターンのベーターでね」
女「、、、もう一度言うね」
男「うん」
女「なに、この、ベーター」
男「、、うん、、、」

間、

女「なんで1台？」
男「、、、そこな」
女「14階建てのマンションに、なぜ1台」
男「このやはり、なんていうのかな、、長細い作りのマンションであるが故の、、1台システムなのかな」
女「なんで、長細いのよ」

男「ご指摘はごもっともの、都会が故の弱点、、だよね」
女「、、、言っていい？」
男「うん」
女「なに、この、マンション」
男「、、、うん、、、」

もう、慣れてきている間、

男「これさ、2階にいたら、驚きだよね」
女「そりゃ、驚くわ」
男「もうすぐそこに、止まっている理由も箱もあったらね」
女「驚きまくるよね」

、、、間、

女「行かないの？」
男「まぁ、そういう流れになるよね」

女「まぁ、流れはね」
男「うん、、、」
女「うん」
男「頭の中でシミュレーションしてみたんだけどさ」
女「なに」
男「2階に行きましたぁ、、、いませんでしたぁ、、したらさ」
女「うん」
男「じゃぁ、、、」

二人「3階」

男「って、なるわな」
女「なるわな」
男「、、、それ繰り返したらさ」
女「まぁ、着いちゃうんだろうね、、13階に」
男「ま、いつかは箱に出会えるけどね」
女「そしたら、迎えにきて」

男「ま、そうするけども、、、こうなったら一緒に行ってさ、止まっている理由も二人で見届けようではないか」
女「(即答で)いや、待ってる」
男「即答だな」
女「うん、、お腹に赤ちゃんいるからさ」

、、、、、長い間

男「いま、サラリと驚きがやってきたんだけど」
女「だろうねぇ」
男「いままで出会った事のない驚きがやってきたよね」
女「だろうねぇ」
男「まさか、エレベーター待ちで聞くレベルの話じゃないしね」
女「ま、私も部屋着いたら言う予定だったよね」
男「でも言っちゃったんだ」
女「うん、なぜなら、、、エレベーターがこないから」
男「なるほどね」

そして、間、

男「もはや、エレベーターどころじゃないな」
女「そう言われましても」
男「でも、立たせているのは忍びないし」
女「行くしかないよね」
男「俺がね」
女「もちろん」
男「……、よし」
女「いってらっしゃい」

と、男
階段へ行こうとしたところで、
エレベーターの音が鳴り、
何事もなかったかのようにドアが開く、

男「きたね」

女「空っぽのベーターがね」
男「乗るか」
女「そりゃ、来たんだから乗る」
男「そか」

二人、エレベーターに乗り込み
〝13〟のボタンを押して、〝閉〟のボタンを押す、
何事もなかったかのようにあがっていくエレベーター、
その中で、

男「引っ越そうかな」

それを聞いて少しだけ、笑っている女、

〈終、〉

作者より

今回の台本は、男と女で書きました。
恐らく、〝付き合ってる男女〟、もしくは〝若い夫婦〟、で読んで頂いたと思います。
ただ今回は〝兄と妹〟、という関係でも成立する台本になっております。
同じ台本でも、関係性が違うと芝居が全く違うようになるものを書いてみました。
よければ、もう一度、読んでみてください。

【22】

帰宅するために、
いつも通りの電車に乗って、いつも通り3両目の端に座った、

そして、電車は当たり前に動き出す、

見慣れたという表現など通り越したいつもの景色を
眺めることなど、すぐにやめ、
ふと、隣の2両目をみると、女性が座っている、、、

「！！！」

それは、突然やってきた、

『再会』

間違いなく、その女性は、、、10年前、別れた彼女だった、

懐かしい、あの彼女だった、

そして生まれて初めての感覚がやってくる、

、、なんか嬉しい、、、感じ

その正体は、、、10年ぶりに見た彼女が綺麗だったこと、である、
前よりも劣っていたら悲しいのか？
それは分からないが、、なんか嬉しい、、のである、

「（どうする？　話しかけるか？）」

彼女はまだ気づいていない、

「（いや、嫌がるかもしれない）」

もはや、いつも通りの電車ではなくなっていた、
見飽きたいつもの景色もセピア色になるくらいの、、、
まぁ、それは嘘なのだが、
とにかく、〝いつもの〟電車ではなくなっていた、

そして、〝いつもの〟電車ではないその電車は、
いつも通り最初の停車駅に止まる、何人かの乗客が乗って来る、
彼女が見えにくくなった、

「（ヤバい、彼女はどこで降りるのだ？）」

知る事のない彼女の10年の時間、
降りる駅など分かる訳がない、

そして、経験上分かる、
乗り換える路線が多い次の駅は、、、乗客がかなりいる！

「（仕方あるまい）」

素早く立った、
そして、いつもの3両目から、滅多に踏み入れない2両目へ足を踏み入れ、
彼女を観察できる距離を保てる立ち位置を確保する、

そして、、、

「！！！」

衝撃が走る、
先ほどの角度からはわからなかったが、
いまの立ち位置からははっきりとわかる、

〝彼女の左手の薬指〟には〝指輪〟があった、

それはそうだ、
10年あれば、、、、いろいろあるのだ、

「(、、そっかぁ)」

そこからは、何かを考える訳でもなく、
ぼ———っと、立っていた、

そして、いくつかの駅を通り越し、
乗客が少なくなったところで、
緊張しながら、彼女のそばにいって、
緊張しながら、、、

「あの」

声を掛けた、

こっちを見た彼女は、、、
驚いた、、、笑いだした、
わぁ、、、びっくりした、、、うん元気だよ、、、そう結婚したよ、、、
ずっと、面白そうに笑って、
すごいね、、、たまに見てるよ、、、うんテレビとか映画とか、、、
続けてるのすごいよ、、、
ずっと、笑っていた、
「お茶でも少し飲める？」
と言ってみた、
約束あるから、、、

と、嫌味のないサラリとした言い方でかわされた、

そこから、他愛のない話を少しして、

あ、ここで降りなきゃ、、、がんばってね、、、

彼女は降りていった、

携帯を持っていない時代の付き合いだったから、
最後、連絡先を聞きたくもなったのは正直あったが、
さすがにやめた、
というか、そんな勇気もなかった、

彼女はずっと笑っていた、
昔と変わらず、なんて訳ではなく
面白そうに笑っていた、

降りるべき駅はもちろん通り過ぎていたから、
次の駅で降りなければ、
と考えながら、
「(がんばんべーかな)」
と思った、
〈終、〉

[11]

ずっとふざけて話すだけの、本質は何もなくていい友達同士の会話劇です。僕も友達と車に乗っている時はこんなふうにふざけてばかりいます。渋滞は会話をするしかないから、好きなのかなあ。

[12]

地面が揺れた日（東日本大震災）の後に、福田（雄一）さんの許可を得て書きました。茨城県大洗も被害が大きかったので、『大洗にも星はふるなり』のメンバーは、こんな会話をしているのかなと。

[13]

書いていない世代という事で、中学２年生を主人公に、「40過ぎには名言を言えるように」と思っていた中学時代を振り返って書きました。これはmuro式.7「∴～」で僕と若葉（竜也）で演じましたね。

[14]

僕は父親と20年ぐらい会っていないので、想像の台本です。結婚を報告するなら、こんな感じかなと。だから、理想とは違いますね。でも、こんな大将がいたらいいだろうなあと思います（笑）。

[15]

とある知り合いの「離婚で父親が変わったから、苗字も変わって」という話を聞いて、「面白い」と。それが「高」縛りで変化したら面白いだろうなと思って。muro式.7「∴～」で高橋努と舞台化しました。

[16]

状況がわからなかったら僕がサボったと思われる短さですよね。これは地面が揺れた日から１年後の台本です。自粛、自粛で花見もしないと言われていたあの年から１年後だったので、僕が思った事を書きました。

[17]

ペチ・シリーズ第３弾。完全に困っていますね（笑）。実は僕を育ててくれた家では、子供の日にプレゼントをもらえたんですよ。その思い出を生かしながら、困った時のペチ頼りで仕上げた台本です。

[18]

今考えると、恥ずかしい台本ですが、基本的に感想を言わないマネージャーに褒められた１本です。この頃は『勇者ヨシヒコと魔王の城』が終わったばかりで、凄くひとり呑みをしていたんですよね。

[19]

小説っぽくなった台本です。僕が初めて髪にムースを付けた日、おばあちゃんのリアクションが薄かったのを思い出しながら書きました。ここで描かれたお母さんとぶっきらぼうな息子は理想の親子です。

[20]

僕はオチを考えずに書き出します。だから、オチがなければなくてもいいんです。この台本はたまたまオチが見つかりましたね。ただ、強調したかったのは「まだ、いないでしょ」の「まだ」です。

[21]

設定が変わると台本は色んな読み取り方が出来ます。そこが面白いなと。14階建てでエレベーター１台のビルは本当にありました。「なぜ、これで１台？」って、思わずツッコんだのを憶えています。

[22]

これは、全実話です。もう作り話が出来なくなって限界を迎えていました。だから、男は僕です。10年前に別れた彼女がキレイになっていたら、嬉しくなるというのがとても新鮮だった出来事です。

ムロツヨシによる
『どっか、の台本』全話解説

[1]

連載1回目なので、一番思い入れがある台本です。僕史上最速10分ぐらいで書き上げました。muro式.4「x.y.z 〜」で猫を犬（僕が演じました）にして、兄弟役を山中崇と中村倫也で舞台化もしましたね。

[2]

恋愛ものを書いた事がなかったので書いてみようかと。男女の会話劇で、しかも目を合わさないでいい空間という事で渋滞の車内に。「キッス」の件はちょっとだけですが、僕の経験が入っています。

[3]

とても早いですが（笑）、このあたりから締切に苦しみました。固定電話に留守電を残さなくなった頃の作品です。これは山中崇にやってほしい一人芝居で、映像化したい台本のひとつです。

[4]

苦しんで、苦しんだ末に生まれた飼い猫・ペチシリーズの第1弾。締切に追われて、ふと壁を見たら、「そんなの、誰も着ないよ」と言われたウィンドブレーカーが目に入って書き上げました。

[5]

ここまで書いた題材を見て、そろそろ子供を描こうと。言わせたかったのは、「お母さん、降参、、ゴメンナサイする、ね？」。聞いた事があるんですよね。いやー、俺、こういうセリフが書けるんだなあ。

[6]

僕の中だけで繋がっていたんですけど、2作目の続編です。つまり、キッスの二人。僕、ちょっとSな女性って好きなんですよね。頼りたいのに敢えて表に出さない女性。僕の当時の理想ですね。

[7]

またペチだあ（笑）。困った時のペチなんです。何も思いつくものがなく、2カ月に一度の（締切の）苦しみの中で、ペチは勝手にしゃべってくれるんです。『夏、アイスと扇風機と』。タイトル、気に入っています。

[8]

実家に戻った時、車で走りながら「ここ、通学路だったな」と思い出して書いた想像の会話劇です。ランドセルの色を役柄にして、会話をしながら、少しずつ少年・少女なんだとわかるように書きました。

[9]

これは完全に実話です。地デジに切り替わろうとしていた時期、切り替えを電器屋さんに頼むのはテレビで見たんですよね。よく書いたなあ、こういう台本。元日じゃないのがいいと思いませんか？

[10]

唯一、シーンを分けた台本です。僕、身近な人にぶっきらぼうにしたい願望があったんですよね。こんないい話ないよと言われそうですが、そんな事は知りません。あくまでも僕の理想ですから。

若葉竜也×永野宗典×本多力 鼎談

［演出・ムロツヨシについて］

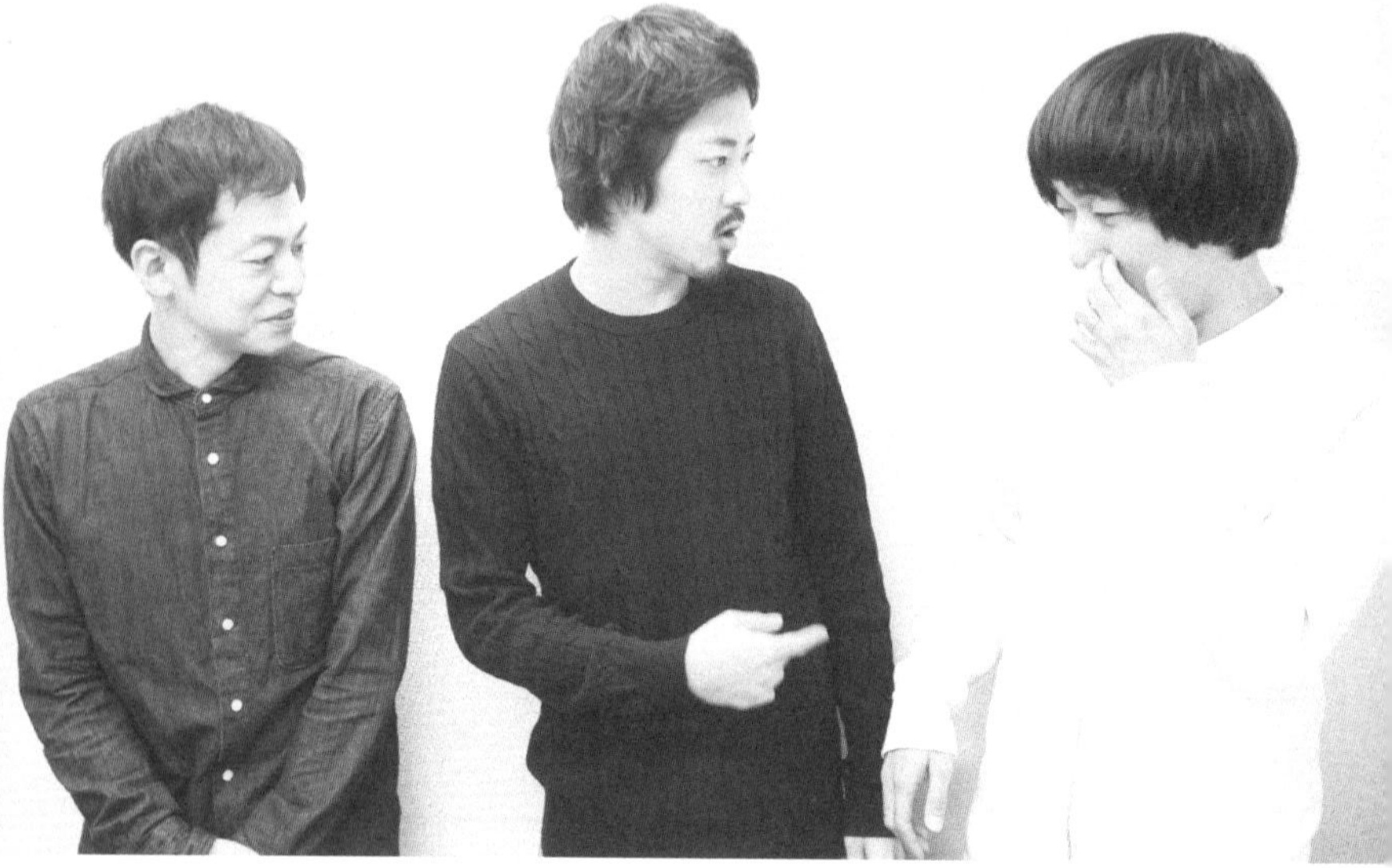

第1回目の『幾ーキー』から、3の『算ーサンー』、5の『「＋」ー足しましょうー』、6の『「グラフ」ーその式を、グラフで表しなさいー』、8の『2　3　5　7　11　13　17…』とmuro式最多5回の出演を果たしている永野宗典と本多力。出演回数は7の『「∴」ーユエニーA＝B　B＝C　∴A＝C』と9の『「＝」』の2回だが、muro式唯一の二人芝居経験者である若葉竜也。muro式を語る上で避けては通れない3人に、〝演出家・ムロツヨシ〟について語ってもらった。

永野　『サマータイムマシン・ブルース』で演劇系のキャストがムロツヨシと本多君と僕の3人で、現場で『チーム小劇場』って言ってたんだよね。

本多　そのあと本広（克行）さんが演出した『FABRICA』って舞台があって、その1本目に永野さんとムロさんが出て、2本目に僕とムロさんが出たんですよ。それが2007年の10月ぐらいかな。で、稽古や本番の時に「一緒に舞台をやれたらいいね」って話をしていたら、その3カ月後ぐらいに電話がきて、「『muro式.』というのをやるから一緒にやらない？」って。

永野　タイトルを一緒に話し合ったりして、最初『群青』になったんだよ。

若葉　そうだったんですか⁉

本多　そうそう、だけど社長さんから「よくわからない」ってダメ出しが出て。

永野　今は理数系で統一してるけど、最初はそのコンセプトもなくて、ちょっと青臭い印象のタイトルやった。

本多　でも、社長のダメ出しのあと幾何学の「幾」になって、そこからはブレずに。

若葉　『群青』になっていたら、今とは全然違ってそうですね。

永野　そうね、ヒューマンドラマをやってたかもしれない。

本多　でもヒューマンドラマは好きですもんね、ムロさん。

永野　確かに『群青』というタイトルでやりそうなヒューマンドラマっぽいことを「muro式.」でも毎回やってて、大体ムロツヨシが書くやつは最終ほっこりするという。

本多　最終ほっこり（笑）。

永野　いいところを持っていくパターン（笑）。

本多　若葉君はどうやって誘われたの？

若葉　僕は『サムライ・ハイスクール』というドラマでムロさんと共演したのが出会いです。でも同じシーンは1シーンしかないうえに、絡みも全くなくて。なのに初対面からムロさんがすっごい話しかけてきてくれたんですよ。

本多　その頃は、若葉君はまだ10代とか？

若葉　いや、20代前半だったと思うんですけど。猛烈にしゃべりかけてきてくれたんで、よくしゃべる人だなと思っていて……。

永野　ちょっと参った？

若葉　そうですね（笑）。僕が待機してたロケバスにも乗ってきて……。

本多　ええーっ？

永野　それちょっと怖いね。そういうところがある人やけど。

若葉　そうなんですよ、人としゃべるのが好きな人なんだなと思っていて。でもドラマが終わったら、何年も接する機会がなくて……。

本多　現場中、あんなにしゃべってたのに。

若葉　そうですね。連絡先を交換してなかったので、ぱったり会うこともなくなり。

永野　それはそれで寂しかったの？

若葉　いや、全然。だって、初対面でその印象しかなかったんで。

永野　ウザい人がいなくなってよかったぐらいの感じ？

若葉　ちょっと（笑）。でもそれから何年かして、「『muro式.』を観に来ませんかっていうお誘いが事務所を通してあって、それで観に行かせてもらったんです。

本多　何を観に行ったの？

若葉　（中村）倫也君と山中（崇）さんが出ていた……「muro式.」の4（『x，y，z―xと

yとzの値を求めなさい―』）です。

本多 ああ、（下北沢）駅前劇場でやったやつやね。

若葉 その時は面白いなと思って観ていて、それこそ、おふたり（永野と本多）の出ている回も観たんですけど、そうしたらある日出演の話をいただいて……。

永野 急に？

若葉 急でした。事前に事務所には話があったのかもしれないですけど、僕にとっては急で。その頃全く仕事がない時期で絶望に打ちひしがれていたので、「やらせてもらえるんだったら、ぜひ！」って、恵比寿の焼鳥屋で高橋努さんとムロさんとムロさんのマネージャーとの4人でご飯を食べたんです。そこでどんなことをやるのかって話をしたのが一番最初です。

本多 僕らは映画をやって舞台やってっていう段階があって、割と一緒にいたからすんなり受け入れられたけど、若葉君はムロさんがどんな人かわからんやん。

若葉 だから超不安でした。

永野 ウザいままの記憶があるだけやもんね（笑）。

若葉 そのあとムロさんを色んな作品で観る機会が多くて、いっぱい出ているなっていうのは認識していたんです。高橋努さんもはじめましてだったたし、右も左もわからない人達と3人で舞台をやるのは、凄く不安でしたね。

本多 めっちゃベラベラしゃべるムロさんの印象やったら、演出もめちゃくちゃ言ってきそうな感じするよね。

若葉 でも今まで2回「muro式.」に出させてもらってるんですけど、意外と何も言われたことがなくて。だから今日は長年ムロさんと一緒にやっているおふたりがどんな演出を受けてきたのか、お聞きしたかったんです。

本多 僕は同じ劇団で、普段の会話の延長のような芝居をやってるから、割とギャグとかキメみたいなのがあまり……。

永野 そうね、ギャグっぽい芝居はあまりしないし、っていうか出来ないね。

本多 そういう時はムロさんがやって見せてくれたりするんやけど、「これをやってはしい」じゃなくて、「自分の中にあるものでやって」と言ってくれるから、型にはめる感じはないですよね。

永野 ただ僕の場合……ある程度長い付き合いがあったけど、「お前、本当に不器用だな」と言われて、ちょっと失望されたというのはあったよね。

若葉 失望されたんですか？

永野 あまりにも僕が出来ないことがあって、一瞬怖かったことが……。

若葉 そうなんですか⁉

永野 本多君はこう見えてセリフもバババッと入るし、機転もパパパッと利かせられる器用な役者で、ムロツヨシも器用というか、柔軟な人やから、僕が割と足を引っ張るんですよ。ユニ

本多　ゾンみたいにセリフを群読するところがあって。「ちょっと永野さん…」みたいな感じで。

永野　あれ、演出は僕でしたけど。

若葉　あれ？　でもそういう怖さがあったのよ。

本多　ちょっと変な空気になったり？

永野　全然知らなかった。

それで一人でむっちゃ必死に稽古したりして。それがあるから後期のシリーズ……6とか8とかは現場に入るのにちょっと構えていた時期があった。

若葉　マジですか。

永野　これ以上足を引っ張ったらいかん、みたいな。

若葉　でも僕はムロさん、セリフ憶え遅いなって思ってましたよ。

永野　僕はさらに遅いから……。

若葉　あ、そうなんだ……。

永野　まあ、ひょっとしたらセリフ憶えは同じぐらいかもしれないけど、芝居を合わせたり、ムロツヨシが演出家として決めてほしいところで僕がちょっとズレてたり間《ま》が悪かったりするから、そういうところだと思う。

本多　若葉君は唯一、二人芝居やってるやん。二人芝居だとムロさんが演出するのは若葉君だけやろ？　それでも別に何も言われへんかったの？

若葉　全く何もなかったですね。

本多　へえー。

永野　若葉君は、ムロツヨシいわく、「俺にない要素を全て持っている」んだって。

若葉　そんなこと言ってたんですか？

永野　うん、ぽろっと言ってたよ。

若葉　どんなところなんですかね。

永野　ムロツヨシは演技でみんなに伝わる面白さとかパンチのある表現を作ることが出来るし、そっちに行きがちな自分がいるけど、若葉君は等身大で、そのまま舞台上にいられる、そういうところが「俺には出来ない」って言ってたよ。

若葉　そうなんだ。でも、ふたりとも相当テンパって追い込まれてたのは事実なんですよ。だからといってピリピリしたりはなかったんですけど。

本多　ピリピリない？　今まで1回も？

若葉　あ、いや1回だけ3人芝居の時にありましたね。ムロさんがちょっとピリピリして、努さんが和まして、僕がただぼうっとしてってことが。それこそ、ふじき（みつ彦）さんの本の時に完全に迷走して3人とも意見がぶつかったことがあって、その時は稽古をつぶして3人で話し合いました。

永野　こっちの作り方と全く違うっぽいね。

若葉　そうだと思います。

本多　1回目の内田けんじさんの脚本の時に、3人で迷走し過ぎたことがあったよね。ムロさんの事務所で稽古をやったんだけど、めちゃくちゃ近い距離で「これぐらいの声がいいな」って物凄く小さい声でやって。

永野　やりながらだんだんツボに入ってきてクスクス笑えてきてね。

本多　そうそう。ホール入りしてそのトーンでやったら、内田さんが本番前に見に来て、「声が聞こえへん」って言われて（笑）。

永野　「違う、違う。そんな暗い感じのシナリオじゃない」って（笑）。

本多　あと永野さんとムロさんがケンカみたいになったことがあって。1回目の本番の前日かホール入り前にファミレスで最後の打ち合わせをしたんだけど、ヨーロッパ企画のシナリオの『デッドメンズ・ハイ』っていう、ゾンビの学生の話があって。

若葉　ありますね。

本多　ムロさんが「あれどうしよう」みたいになった時に永野さんがイラッとして、「これはこうだから」みたいなちょっと強い口調で。

永野　ちょっと待って、イラッとしてた訳やないのよ。

本多　高揚してた？

永野　そうそう、それだけやと思うんやけど、ちょっと語気が荒くなっちゃって。小屋入りしてたから、割とテンパってたのかな。

若葉 で、ムロさんがそれに対して？

本多 「わかんないよ！」みたいな感じで若干キレ気味に。

永野 この劇ではヨーロッパ企画の芝居の作り方をやらないといけないってことをムロツヨシに説明するという時間やったんやけど、最終的には腑に落ちたような感じだよね。同じ脚本で再演もしてるし。

本多 うん。

若葉 公開稽古とかもやっていますもんね。でも、そんなことがあったようには全然見えなかったです。

永野 1回目だからね。

本多 どういう順番でやろうみたいなところでも、ちょっと混乱してたし。

永野 旗揚げ公演みたいなもんやから。

若葉 ムロさんも追い込まれてました？

永野 ヘルペスがたくさん出来てて、結構ナイーブな人なんやなと思って。

本多 ムロさんは毎回（脚本を）書くんやけど、稽古場に行ったら真ん中にムロさんがポツンとしているという時間が1回はありますね。

若葉 あ、そうですね。

永野　ひげモジャで、もう全体的にボサボサで。

若葉　職質されそうな風貌になっている時がありますよね（笑）。

永野　そんな姿で誰よりも稽古場に早く入って台本を書いたりしてたよね。で、僕らの時って本番前、楽屋でバナナマンのDVDを流したりしてたんやけど、そんなんやってた？

若葉　やっていました。でも、それはムロさんが観ているだけだった気がします。「竜也も観て」って言われたんですけど、僕は観たら完全にそっちに寄っちゃいそうで。ムロさんが「理想形」っていってるじゃないですか。だけど、それと同じことをやりたくないという意識がちょっとあって……。

永野　なるほど。

若葉　だから1回も見てないですね。

永野・本多　えー!!!

永野　俺らノリノリで観てたよ。

本多　何ならちょっと真似してたけどな。

若葉　1回もっていうのは盛りましたね。ムロさんに「これ面白いから」って言われて1本は観たんですけど、やっぱり凄く面白くて。ただ、本当にそっちに全部寄ってしまいそうで、悔しさもあり。

本多　引っ張られたくない？

若葉　そうなんですよ。テイストというか、空気感とかも全部そっちに寄っちゃいそうでヤバいなと思って、それ以降は見なかったですね。

本多　稽古場は、「ちょっと読み合わせしようか」みたいになって、やり出したら途中からムロさんが動き出して、結局通し稽古みたいになって。

若葉　なりましたね。

永野　動き出して、遊び出して……。

本多　遊び出して、読み合わせでアドリブみたいにするやん。

若葉　やりますね。

本多　それでこっちも乗っかっていく。

永野　そうね。セリフを憶えるのは嫌いやけど、早く自由になりたい人なんで。

若葉　そうですね。

本多　セリフを憶えちゃえば自分が自由になれるから。

永野　なんやったけ、いつもあれ欲しいって言ってるやつ？

若葉　暗記パン？

永野　そうそう！「暗記パンが欲しい」って、たぶん毎回言っている（笑）。一人芝居の時は絶対本気で思ったはず。

若葉　あー。「1000万円なら払う」って言っていました（笑）。「借金しても払うな」って。

本多 それぐらいムロさんが追い詰められるから、回を重ねる毎に周りのスタッフさんが凄いしっかりしていくというか。ほんまに世界観を理解して、何も言わんでもやってくれるようになっている気がしますよね。

若葉 二人芝居の時は、演出助手がいなかったら全く成立しなかったです。もう相手のセリフが飛んだら自分もわからなくなっちゃうぐらいでやってたんですけど、演出助手の山田さんがお母さんみたいな感じでいてくれて、本当に助かりました。

本多 山田さんが入ってだいぶ変わりましたよね。

永野 僕達は一緒に作ってるから、どうしてもプレイヤーとしての見方が強くなっちゃうんやけど、客観的に「muro式.」を観たのが僕はたぶん7（『「∴」―ユニ―A＝B B＝C∴A＝C』）で、あれでムロツヨシの演出家の一面にハッとしたというか。

本多 凄い統一感がありましたよね。

永野 たぶん一緒に芝居を作っている高橋（努）さんと若葉君のトーンにも合った雰囲気の作品やし、音楽や、キャッチボールのシーンをライトでやるようなアイデアだったり、ムロツヨシのプレーヤーじゃない面が物凄く発揮されてると思ってびっくりした。

若葉 もしかしたら僕は演出された意識がないだけで、実は物凄く色々と……。

本多 そうそう。

若葉 いや、でも、そんなことはない！

永野 え、すぐ撤回？

若葉 だって、そんなことってあります？　全部別々の脚本家が脚本を書いているんですよ。別々の脚本家が書いていて、ポスターやチラシのスチールを撮っている時なんて、タイトルだけあってコンセプトは何もないじゃないですか。

永野 けどね、弁護する訳じゃないけど、僕らが出た8（『2　3　5　7　11　13　17…』）のチラシの撮影の時、「舞台上に紙飛行機を飛ばしたら……」みたいなことを言っていて実際に飛ばしてたし、僕の印象ではチラシの時点で割とスコンと大きな絵が見えてたんかなと。

本多 でもあれも、「チラシで紙飛行機が折れる、ワハハ」みたいになっていて、誰かが「じゃ、紙飛行機を舞台上で出すかな」ってことで紙飛行機を飛ばすことになったような。

永野 そうか、そういう会話があったんか。

若葉 確かにスチール撮影の時に、スタッフさんが「これ、何とかみたいだね」って言って、「それ、いいね」ってムロさんが乗っかることが大半な感じがします。だから、ムロさんが演出になっているけど、本当に全員で、演者もスタッフもひとつになって何が面白いのか、どうやったらお客さんの気持ちを動かせるのかってことを考えているのが「muro式」という舞台なのかもしれないですね。

本多 だから、演出された記憶がないけれども、もしかしたら？（耳の後ろに手を当てて、若葉のほうに向け）

若葉 演出された記憶が本当になくて……。

永野 なくて、でも実はそれは？　……早く！　早く頂戴！

若葉 （しぶしぶ）演出されていたような気に……いやいや、やっぱり演出されてませんって（笑）。自由にやらせてくれた感じはあったと思いますけど、最終的にはムロさんとふたりで、「面白いね」ってなったものが一番いいのかなって。だから二人芝居の時に、福田（雄一）さんが書いた戦争（「＝親友」）の話があるんですけど。

本多 ゼロ戦のやつね？

若葉 そうです。最初に僕とムロさんが面白いねってやったことと、福田さんがイメージしたことが全然違ったんです。後半、僕が感情的になっていくシーンがあるんですけど、「もっともっと感情を乗せてやってほしい」と福田さんに言われたんです。「もっと泣いてほしい。小さい子がわがままを言っているみたいに地団駄踏んでほしい」って。それに対してムロさんは何も言わなかったんですけど、公演を続けていくうちに福田さんの案もムロさんと僕が面白いと思ってたことも、実はそんなにズレがなかったんじゃないかと感じて。つまり、ふたりがいいなと思ったものが多分いいんだろうと、二人芝居をやった時にそれは思いましたね。だから演出というより、本当にみんなで作ったという感じが強いです。

永野 そうやね、なるほどね。

本多 でも、何でも言いやすい現場よね。自由にやらせてもらえるし。

若葉　一番自由にやっているところなのかもしれないです。その分プレッシャーが凄いですけど。何も案を持っていかなかったら何もなく終わっちゃうし、何か足していって失敗したらそのまま失敗した状態で終わっていくから。ムロさんのお芝居を受けてどうするかというのが凄くプレッシャーだし、それでいうと「muro式.」は凄く怖いところでもありますね。

永野　それにしても、1の頃と比べてムロツヨシを取り巻く状況がどんどん変わっていって「おう、おう、おう」ってなるね。

本多　でも、ムロさん自体はそんなに変わってなくて、毎回テンパるし。

永野　そういう意味では状況は変わっていってるけど、作ることや好みは変わってないので、こっちが「おう、おう」と心が振り回されても、変わらず一緒に作っていける信頼と安心はある。

若葉　そうですね。僕はおふたりが出ているのは、1以外は全部観てますけど、どんなに会場が大きくなってもやりたいことっていうのはずっと変わってないイメージがあります。人がいて、会話があって、それが面白くなっていくっていう。ただ、面白がってくれる人達が増えただけという気がします。

永野　そういう感じはあるね。凄く純粋な、表現としては守られているというか。

本多　でも一人芝居をやるって聞いた時はびっくりした。ムロさんは人がいて会話をしてってことがずっとやりたい訳じゃん。

若葉　そうなんですよね。

木多　でもそれが「muro式.」の10じゃなくて9・5っていうのが、「おっ、憎いことするじゃないか」って思ったし、単純にあんなナイーブな人がさらに自分に負荷をかけて、3人とかふたりでやってきたスタイルからも離れて一人芝居に挑戦して。ちょっとかっこいいなと僕は思いましたけどね。

永野　でも実際に観てみて、一人だけど、一人じゃないって演出をしてたし、光で他者の存在感を表してたり、今までのシリーズで培った演出がパッと花開いたような公演やなと僕は思ったな。パフォーマーとしてのムロツヨシが一人で全部セリフをしゃべるし、場をもたせる。そのセリフ回し、技術に関しても僕は感動したし、演出も、あっちゃー参ったなというぐらいよくて。とてつもなく不安だったろうけど、演出家・ムロツヨシでカバー出来てたような感じがした。

若葉　一人芝居の時って稽古は見に行きました？

永野　現場は行ってない。行ったの？

若葉　行ったんですけど、あんなに不安そうなムロさんを初めて見たというぐらい不安そうで、一人で小さくなってて。「稽古を開始します」と言うのもムロさんですし、稽古場の真ん中に立つのもムロさん一人じゃないですか。物凄い緊張を感じて、俺は絶対にやりたくないと思いましたね。こんなの絶対にやりたくないって。で、「どうだった？　どうだった？」って凄く聞かれるんですけど、やっぱりムロさんと接してきた時間があるし、どうしても客観的には見られなくて。知り合いの中年のちょっと面白いおじさんが何かに立ち向かっているだけでちょっとウルッと来ちゃうんです。だから、あの状況だとどんなにつまらなかったとしても絶賛しちゃうと思う。役者としていいことではないのかもしれないですけど、そこの時間は無視出来ないというか。

本多 そうだよね。そもそも稽古も嫌いな人やし。

若葉 追い込まれていました。みんなもそうだと思うんですよ。演出助手もマネージャーさんも、役者・ムロツヨシとして見ているのかっていうと、そうじゃないんじゃないかなと思っていて。やっぱりムロツヨシという人を知っているからこそ、人間・ムロツヨシとして見て接しているからこそ、あれだけ必死に支えられるんだと思う。あとはお金を払って観に来てくれたお客さんが評価すればいいんじゃないかなと、僕は思ってしまいましたね。

永野 凄いチームになっているよね。

若葉 本当に凄い。

本多 でもそこは、お客さんもそうなってる。

永野 その輪がどんどん広がっていっていますもんね。

本多 「muro式.」ってどこかムロツヨシって人の生き様みたいなのを観に行っているみたいなところがありますよね。

永野　このままだといい話で終わりそうやから（笑）、ちょっと話を変えると。初日が全くウケないっていうのを2回経験したことがあって。はっきり覚えているけど、3と8の初日はヤバかったよね。

本多　そうですね。8の初日は特にヤバかったですね。

若葉　全くウケないって、めちゃくちゃ怖いですね。

本多　初日が終わって打ち上げに行って。一人になるのが嫌だからって、朝の5時ぐらいまで3人でムロさんの部屋で呑んでた。

永野　打ち上げが本当に暗くてね。

若葉　マジっすか……。

永野　カラ元気も出やしない。

本多　その回、荒川良々さんが観に来てくれて、打ち上げにも参加してくれたんですけど、ほとんど荒川さんがしゃべって回してくれたんですよ。あまりにも3人が暗いんで、気を遣ってくれたみたい。

若葉　僕はあまりウケてるウケてないとかに影響されないようにしようとは思っていましたね。

永野　強いなぁ。

若葉　でも、ムロさんがすさまじく汗をかき出すんですよ。

永野　はい、はい。

若葉　それで「今、俺はスベっているんだ」って認識する瞬間があって。そうなると気にしないようにしても心臓がバクバクバクバク……って。

本多　客席を気にしないでいてもムロさんの汗がね。

若葉　そうです。僕はムロさんしか見ていないので、ムロさんが焦り出すとそれをダイレクトに受けちゃうんです。その時が一番怖い。

本多　でも、ムロさんは当然やけど「muro式.」やから全部の責任を負おうとしてアタフタしちゃう時はあるような気ぃするな。

若葉　絶対、この箇所そんなに尺は長くなかったぞみたいなところがぶわっと広がってたり、絶対にこの場で笑わせてやるというか、勝負をかけている感じをムロさんから受ける時はありましたね。で、そうかムロさん、ウケなきゃいけないんだって気がついて、俺も何とかしようってなったことはありました。ちなみにカーテンコールが長いのは、1回目からですか？

永野　1回目はそうでもなかった。

本多　そうでしたっけ？

永野　でも、物販が充実し始めてから長くなってきて、特に紀伊國屋ホールでやった時が長かった印象がある。

本多　いや、もうちょっと前から長かったような気がしますね。

永野　長かったっけ？　長いは長かったたか。
本多　3ぐらいからはもう。
永野　うん。それがスタイルになりつつあるけど、1回目は普通だった気がする。
本多　アンケートでも「カーテンコールが最高です」と……。
永野　なってきたもんね（笑）。
若葉　二人芝居の楽日、カーテンコール30分しゃべっていましたからね。
永野　ヤバい（笑）。
若葉　僕はほとんどしゃべらないんで、ムロさんがひとりで28分ぐらいしゃべっているという感じでしたけど。
本多　1本分やんな。
永野　1本分や！　だって一人芝居でもしゃべっているんでしょう？　本編であれだけしゃべって、カーテンコールでもしゃべって。
本多　この前、「3人でもふたりでも何ステージもやってたら飽きてくる。そことの戦いだから言い方を変えたり、アドリブを入れたりして飽きないようにするけど、一人芝居の時もそれでアドリブを入れてみたら、次のセリフが出てこなかった」……って言ってた（笑）。
永野　そうか、受け手不在のアドリブは自分の首を絞めるんや。
若葉　さすがのムロさんもそうなるんだ。

永野　遊びたくても遊べなかったのかな。僕も大阪へ観に行って、打ち上げで「さすがに次は一人芝居はやらない？」と聞いたら、「いや、やるかもしれない」と言っていて……。

本多　えっ、そうなん？

永野　というのは、「いつも本番の前は舞台袖で早く舞台に出たくて出たくてたまらないっていう心境になるのに、この一人芝居では舞台に出たくてウズウズする境地まで行けなかったから」らしい。「そのハードルを越えられなかったのが悔しいから、どこかでまた一人芝居をやるかもしれない」と言っていて、貪欲というか、自分の中に高い目標がある人なんやなって。お客さんが笑ってくれたらそれでＯＫじゃない、たぶん自分が楽しいってところまでいかないと満足出来ないんやな。

本多　二人芝居の時のゼロ戦の話（「＝親友」）の、アドリブじゃない芝居を観ていて、おそらくムロさんがやりたい演技というのをやっているんやろうなと思って。何もしないとか、何もしないことが成立するためにいろいろやっているみたいなことを言っていたことがあって、あの芝居にムロさんが求めるある種の完成形があったような気がしたな。

若葉　ムロさんが二人芝居の時、「袖にいると、早く舞台に出たくて楽しみでしょうがない。今日はどんなことが起こるんだろうと思いながら毎回舞台に出ていた」と言っていて。僕にとってはそれが最高の褒め言葉で嬉しかったんですけど、本当にふたりしかいないので、何が起こるか本当にわからなくて。ムロさんがしゃべったら次は確実に俺が何かリアクションしなきゃいけないし。

本多 そうだよね（笑）。

若葉 そうなんですよ。俺がしゃべったら確実にムロさんですし。その恐怖感ったらなかった。だから二人芝居は飽きることはなかったですね。初めての経験でしたけど。

永野 長い公演やけどね。

若葉 はい。まだ3人芝居の時のほうが……飽きた訳じゃないですけど、なんとなくお互いの出方が見えた時がありましたね。

永野 型が決まってくるからね。

若葉 そうなんですよね。3人の流儀というか、やり方みたいなものがある程度お互いわかってきて、「こう来るんだろうな」っていうのを感じる時があったんですけど、二人芝居では一切なかったですね。今日はムロさんが何をしてくるんだろうというので、ずっとドキドキしてました。

永野 否が応でもタフになるね（笑）。

本多 でも、3人でやった「muro式.8」の時も『ウィンタータイムマシンズ・ハイ』というのが確か30分ぐらいあったんですけど、始まって15分後ぐらいに僕が出るまでずっと永野さんとムロさんの二人芝居で、そこはほんま日々変わっていたよね。

永野 そうだった。

若葉　めちゃ怖くなかったですか？

永野　いや、たぶん家に帰って『ウィンタータイムマシンズ・ハイ』のことを考えると怖いけど、あれはオムニバスの最後のほうやったから、なるべくアホになってわっと勢いで無心でやるみたいな。そういうちょっとした意識は必要やったけど。

本多　そういうところに自分を追い込むみたいなこと？

永野　逆に、追い込まれないように逃がすというか。

本多　逃がすか、なるほど！

永野　確かに飽きるというのとはまた違う次元になってくるかもしれない。

本多　楽しそうやったけどね。楽屋からモニターで見てると、ふたりがノビノビやっているようにしか見えへんかった。時間もどんどん延びるし（笑）。

若葉　そこから出にくいですよね。

本多　観に来てくれた友達から「本多君が出る前に終わってても、よかったよ」と言われました（笑）。楽しそうだったな。

永野　楽しかったね。

本多　8は毎回日替わりのポイントが作られて、永野さんも日替わりで何かやるし、僕もやらなあかんしというので……。

永野　そうね。別に日替わりでやると台本にあった訳じゃないんだけど、自然とそうなっちゃってた。

本多 たぶん、初め神奈川で公演やって、次の福岡へ行ったとき、永野さんにムロさんが呑んでいる席で「あそこどうする？　変える？」みたいに言い出して、そこから日替わりになったんですよね、確か。

永野 それがその日のステージの起爆剤となるようなシーンになるから、プレッシャーでもあり。

若葉 なるほど。

本多 変えて面白い時もあるし、ダメなときもあるけど、全部進めてくれるから、ムロさんが。

永野 そう、そう、そう。冒頭の小比類巻マモルのひとりの人生が3人に枝分かれてしまうっていう3人芝居で、何歳の時にカツアゲに遭うみたいないなくだりで……。

本多 そこを永野さんが変えて、僕も帰り方を毎回変えるってことになったんやけど、「アドリブしに劇場行っているみたいで嫌や」って永野さんに愚痴ったり（笑）。

永野 確かにつらかった、つらかったけど。

本多 たぶんムロさんは『フルモンティ』で毎回、そういうことをやらされてて。

永野 なるほど。「ｍｕｒｏ式」のときはムロツヨシは受け手に回るけど、『フルモンティ』とか外の公演ではやらされる。

若葉 そうですよね。

本多 でも、その時1本目にやった動きでムロさんがすげぇ笑ってくれて。何回か振られてやったのちに最後の「起立、気を付け、何か」みたいなシーンの前で「あれ、やってよ」って言われて最後にやったときは、嬉し過ぎておしっこ漏れそうになったな。うれションしそうになった（笑）。

永野 今までやった中で何が一番印象深かった？

本多 僕はやっぱりその、小比類巻マモルのやつかな。初めて3人で作ったんですよね。それまでは1本ずつ書いてたんですけど、その回だけ3人で1本を作ろうみたいなことになって。結局、台本を書いたのはムロさんなんですけど、3の稽古の時に3人一緒の時間が必要だとかいって3人一緒に映画を観に行ったりしたことがあって、そういうのをもう1回やろうということになって。

永野 行った！

若葉 何を観に行ったんですか？

本多 『ジャージー・ボーズ』を観に行こうと思って調べたらやってなくって、結局『アバウト・タイム～愛おしい時間について～』を観に行ったんだけど、そこからああいう話になり、1日、ムロさんの生い立ちをずっと聞くという日があったんですよね。一緒に「muro式.」を4回ぐらいやってきたからこそ、ああいうふうなことが出来たなと思って、作っていて凄い楽しかったですね。アドリブは嫌だったけど（笑）。でも本当に、毎回そうではあるんですけど、より一緒に作ってる感が大きかったな」

永野　割と来る日も来る日も稽古場でそればっかりやってたね。

本多　他はふじきさんとうちの上田（誠）が書いてたからね。お礼の角度がいい若葉君は何が印象に残ってる？

若葉　ずっと言うんですよ。「お礼の角度がいい」って。

本多　ユエニ（『muro式．7「∴」―ユエニ―A＝B　B＝C　∴　A＝C』）の角度がよくて、DVD観てすっげぇ印象に残ってるの。

若葉　そこですか。

本多　自分の印象だと、二人芝居のほうが濃いよね。

若葉　そうですね。ただ1本ってことになると……難しいな。

永野　コインランドリー（「＝他人」）のやつは？　僕は好きやったけどね。あれでムロツヨシがやりそうな役を若葉君がやってたので。

若葉　そうですね。だけど印象に残っていると言われると、本当に互角ぐらい全部覚えていて。コインランドリー（「＝他人」）は単純に僕がセリフ飛んだらそれで終わるという緊張感は凄かったです。

本多　そうだね。ムロさんが受け手やったもんね。

若葉　そこが一番印象に残っているし、それぞれ印象に残っているところはあるんですけど、やっぱり二人芝居というもの自体が初めてだったし、あんなに緊張するし不安だったり

本多　楽しいという経験も初めてだったので、オムニバスの1本というより「muro式．9」っていう公演が印象に残っていますね。
永野　本多さんは？
本多　どれかな……そうやな……うーん。
永野　永野さんってムロさんのことを「ムロツヨシ」って絶対フルネームで言いますよね。それはなんでなんですか？
本多　わからん。たぶんムロさんって言うと照れくさいというのもあって。最初からムロさんと呼べなくて、ムロツヨシと言ってたほうが呼びやすい。
永野　ムロさんは永野さんの1歳上なんですっけ？
本多　2歳上なんかな。でもムロツヨシって呼び捨て（笑）
若葉　でも、ちょっとわかります。俺、ムロさんとふたりで食事するのが凄く恥ずかしいんですよ。だから、ムロさんとふたりで食事したのは2回ぐらいしかないし、やっぱり俺も「ムロさん」って言うのがちょっと恥ずかしい。だから名前を呼ばず、「あの」ぐらいになっちゃう（笑）。
本多　俺、全然そういうのないんよね。
若葉　たぶん本多さんとふたりで食事するほうが多いです。
永野　そうなんや。本多君は平気なの？
若葉　本多さんは大丈夫ですね。なんでだろう。本多さんはスッとしゃべれるというか。「muro

永野　式」のことも結構相談させてもらって。永野さんは面識があまりなかったんで。でも本多さんは何で面識あったんだっけ。あ、『ドラマ新解釈・日本史』だ！

若葉　なるほど。そのときに「muro式.」の話とかもしてたんですか？

本多　しました、しました。ムロさん、照れるんですよね。二人芝居のときもふたりで飯を食ったことって1回しかなくて。

若葉　えっ、そうなん？　地方でも？

本多　そうです。仙台公演の時にふたりで飯食おうってなって、それぐらいですかね。その時「ありがとう」って言われたんですけど、凄く恥ずかしくて。

永野　おおー。

若葉　「（二人芝居なんて）こんな怖いことをやってくれてありがとう」って。

永野　仙台公演って千秋楽……でもなくて？

若葉　結構最後のほうですね。その時にふたりっきりで1軒目でご飯を食べて、2軒目で呑みながらちょっと食べて。だからほぼずっとふたりでしゃべってたんですけど、凄い照れた記憶があります。

永野　でも僕もムロツヨシとサシでっていうのは、人生で2回だけ。『FABRICA』の時と京都にムロツヨシが遊びに来た時に一緒に。ちょっと照れくさかったな。

若葉　照れくさいですよね。

永野　いつもは本多君なり他の誰かがいるから、余計に。ずっと一緒にやってても、微妙に距離感って違うね。

若葉　そうですね、微妙に。

本多　僕は一緒です。永野さんに対するのとムロさんに対するのはほとんど一緒。

若葉　全然ムロさんは関係ないですけど、おふたりはよくご飯食べたりするんですか？

永野　する、する。

若葉　そうなんですね。

本多　でも最初は全然行ったことなかったよ。それこそ、『サマータイムマシン・ブルース』という映画を一緒にやるまでは、同じ劇団やったけど、ほとんどしゃべったことがなくって。

若葉　そうだったんですか!?

本多　そこまでちゃんとしゃべったことがなくて。

永野　本多君は誰かとギュッと仲よくなったりして、入る隙がなかったんです。

若葉　ちょっと闇があるとか？

本多　ないです、ないです（笑）。っていうか永野さんの記憶に残る1本は？

永野　やっぱり舞台上で芝居が膨らんだやつがパッと出てきますね。初めてふじきさんの台本をやった時、お客さんの反応が凄かったんだけど、あれは「muro式.」でしか味わえない。

本多　初めてって、『ロース』？

永野　そうそう。お客さんの笑い声と一緒に悲鳴が聞こえる作品やって、それはムロツヨシの演技のアプローチが凄くよかったからでもあると思うんだけど。

本多　ふじきさんが、「ムロさんは凄くフレンドリーにしゃべる」っていうのが、ちょっとホラーやなと思ったらしくて、そこから広げて書いたらしいですよ。

若葉　なるほど。

永野　『ロース』は、アドリブは絶対に入る隙がないのでやらないんですけど、セリフ自体変わってなくても、間で空気が全然変わるし、芝居してるこっちの感情も日々変化して。うちの劇団ではそういったタイプの芝居をやらないから、役者として純粋に新鮮な気持ちで楽しめた演目なんですよね。アドリブでワッとやるのは「muro式.」では一番楽しいことなんですけど、『ロース』のああいうアンサンブルは凄く好きでしたね。あれやったら若葉君、体現出来るんじゃない？

若葉　確かに『サムライ・ハイスクール』の時のグイグイくるムロさんは、ちょっとホラーの部分がありましたね。

永野　ね？「muro式.9」までやった演目をシャッフルしてやったら面白いかもね。それやったら、僕はコインランドリーがやりたいわな。

若葉　マジっすか⁉

永野　ムロツヨシと若葉君と、どっちの役がいいんかな。でもどっちも難しいな。憧れるけど、

若葉　やっぱりちょっと背負えないな。シャッフルじゃないいんですけど、1回でいいんで僕が見てた3人……永野さん、本多さん、ムロツヨシさんの中に入ってみたいです。贅沢ですけど。ただ相当怖いですよね、その状態。

本多　僕もやりたいわ。

若葉　たぶん稽古場の空気からして全然違うと思うんで。で、新しい演目を4人で一度やってみたいです。

本多　やってみたいね。それがいいな。一番それがいい。えっと……最後にムロさんにひと言メッセージをくださいと言われています。

若葉　ムロさんの本に入るんですよね。ちょっと恥ずかしいな。

本多　ムロさんは自分のことを凄い認めてくれるって言うとアレやけど、ハッパかけてくれるというか、尻を叩いてくれる人で。そういう存在がいてありがたいなというのは毎回思いますね。永野さんも同じようなことを言われていると思うけど……。

永野　もっと頑張れよって？

本多　頑張れよという感じじゃないんやけど。でも言うほうもしんどいだろうから、そう言ってくれる存在はありがたいですね。そうそう、若葉君はムロ鍋食べたことある？

若葉　それがないんですよ。

本多　ない？　えっ、ないんや。

若葉　すき焼きはあるんですけど、ムロさんが作った。

永野　それはムロ鍋と違うのか？

若葉　ムロ鍋ではないらしいです。だから……今度本物のムロ鍋を食べさせてください！

本多　いや、それ、ダメだよ。僕が言い出したんやもん。そこは違うメッセージやないと。

若葉　だとしたら何も言えませんよ。

永野　僕は感謝してますけどね。舞台上でふざけていいんだとか、遊んでいいんだみたいな、演劇を始めた当初にはなかった価値観を教えてくれたし、一緒に学んでいったようなところもあるから。ムロツヨシに出会えてなかったら、そういうのはたぶん自分の中に育たなかった要素なんで、感謝しているし、ありがとうということですかね。素直にいうと。はい、僕終わった！

本多　かっちかちの守りに入った（笑）。じゃあ若葉君。

若葉　えー、ナシじゃダメですか？

本多　嫌だ、聞きたい。

若葉　いやいや……こんなの絶対に無理ですよ。もう顔が赤くなってきてますもん。

永野　ほんまに赤くなってる（笑）。頑張れ！

若葉　またご飯、誘ってください（笑）……ということで。

本多　なにそれ、逆になんか、ええやん！

ながの・むねのり
1978年2月17日生まれ、宮崎県出身。98年、ヨーロッパ企画旗揚げに参加、以降全本公演に出演。外部の舞台や、ドラマ・映画への出演にくわえ、ラジオパーソナリティーとしても活躍。2008年、短編クレイアニメ『黄金』が第1回デジタルショートアワードにて総合グランプリ獲得。以降、役者のみならず脚本・演出家としても活躍の場を広げ、映像監督として『タクシードライバー祇園太郎 THE MOVIE すべての葛野郎に捧ぐ』などの脚本・監督も手がけている。

ほんだ・ちから
1979年6月12日生まれ、京都府出身。99年、第2回公演よりヨーロッパ企画に参加。以後、ほぼ全本公演に出演。また関西ではラジオパーソナリティーとしても活動中。外部の舞台や、テレビ・映画への出演も数多く、最近の出演作に『真田丸』『闇金ウシジマくん Season3』『家売るオンナ』などのドラマや『バクマン。』『海難1890』といった映画、劇団プレステージ×ヨーロッパ企画『突風！道玄坂歌合戦』といった舞台がある。主演映画『食べられる男』が2017年公開予定。

わかば・りゅうや
1989年6月10日生まれ、東京都出身。1990年、若葉劇団にて1歳3ヶ月で初舞台を踏む。98年には持ち前の舞台度胸と演技力が評価されNHK大河ドラマ『徳川慶喜』に出演、陰のある役からアクの強い役まで作品によって180度違った表情を見せる幅広い演技力で、数多くの作品に出演している。主な出演作に、映画は『GANTZ Ⅰ・Ⅱ』『源氏物語』『DOG×POLICE 純白の絆』『旅立ちの島唄～十五の春～』『明烏』『葛城事件』など、テレビドラマは『吉原裏同心』『マイ☆ボス マイ☆ヒーロー』『ドラマ新解釈・日本史』『勇者ヨシヒコと導かれし七人』などがある。『美しい星』（2017年5月）『曇天に笑う』（2018年）が公開待機中。

ムロツヨシ　インタビュー

やはり締めくくりは、ムロツヨシの語りで。『ムロ本、』に詰め込まれた1話完結22本の『どっか、の台本』、私小説風に15篇描かれた『数、ある記憶の中から』、そして現在のゆる〜い隔月連載の裏側を話してほしいし、全体に漂うムロの願望らしき空気の正体も教えてほしい。ムロが繰り出す笑いの根っこにあるもの、そしてこれからの役者・ムロツヨシについても。だから、最後に切々と、、、切々と、、、話してもらいました。

——連載当初の『どっか、の台本』は、なぜ台本のスタイルで書こうと決めたんですか?

「連載を始める前、(雑誌)『プラスアクト』の編集長とご飯を食べた時に〝何をやりましょうか?〟と話し合ったのが、始まりです。僕ら役者は台本を読んで、セリフを入れる作業をします。その台本に対するありがたみは、書く苦しみを知る事でよくわかるんです。小劇場に出ていた頃、僕も何度か台本を書いた経験はあったんですけど、書く苦しみという負荷を自分にかけようと思って。役者業以外の事をするのは何か経験値になると思ったのも大きかったですね。だから、〝台本を書くのはどうでしょう〟と提案したんですけど、それが失敗だったと3回目のアイデアをひねり出しながら気づきました（笑）。でも、『どっか、の台本』を最初から最後まで読み返した時、苦しんだからなのか、自分なりには筋が通っているなあと思いました。読者から〝よくわからない〟という感想もたまに頂いたんですけどね。いい意味で自分をさらけ出しているなと思いました」

――『どっか、の台本』から『数、ある記憶の中から』に連載の内容を変えた理由は？

「『どっか、の台本』の最終回を書いた時、やっぱり自分の中にあるものしか書けないと思って。すぐに、本当の事、本当の自分、私小説のようなものを書きたいと思いついたんです。だから、僕のほうから編集長に連載の変更をお願いしました。これは、まずタイトルが浮かんだんですよね。〝自分の記憶から〟という言葉から、〝数ある記憶の中から〟が出て来て、僕の文体のクセになっている読点を使って、『数、ある記憶の中から』。数という主人公を通して、敢えて自分の事を書いてみようかなと。もちろん、恥ずかしさはあったんです。でも、子供の頃の記憶が風化していく感じがしていた時期だったので〝何が残っていますか？　あなたの思い出は〟と2カ月に一度、自分に問いかけながら書いていったのが『数、ある記憶の中から』でした。自分の中にあるものなので、『どっか、の台本』よりも絞り出すのに苦しむ事はなかったと思います。ただ、明るく書いていたつもりでしたけど、切ない内容が多くなっていましたね。最後に、『これは、喜劇。』を入れるのは最初から考えていたんですが、更に寂しさが出てしまったというか。でも、僕にとって『数、ある記憶の中から』で書いた事は、後に僕自身の喜劇の原点になっているんです。

これから喜劇になってほしい事件もありますけど。例えば、最初にケンカしているふたりが別れたからこそ、僕は喜劇役者の人生を歩み始める事が出来ました。そういう意味では、全てが喜劇なんです。つまり、『これは、喜劇。』という一文には、そこで書いたものを〝僕は喜劇にしたい〟という想いが詰まってるという事です。結局、この時期は書きたいものがこれしかなかったのかもしれません。書き残しておきたかったというか。書籍化するという事で読み返した時、わっと自分に迫ってくるものがありましたね。切なさもあって、自分の照れも見え隠れするんですけど、これからも思い出したい事、本当にふざけた事、好きな事、ばあちゃんの事、書き残せてよかったと思います」

――そして、現在はタイトルのない隔月連載（本書ではP.7〜の『ムロツヨシ、』）になっています。

「これはワガママを言わせて頂きました（笑）。〝ノープランにさせて下さい〟と。台本から私的な文章を書いて、ちょっと書くのは休みたかったんです。だから、とにかく何をやってもいいというルールにして、ゆる〜いものにしようと。でも、ゆるいものにしたからといって、相変わらず締切は怖いです。ノープランで何をやってもいいからこそ、何をやればいいのかわからなくなっているから（笑）。今は全てに迷いがある連載です。こんなに迷走している連載はなかなかないでしょうね」

――書籍化の話はどの段階で出て来たんですか？

「連載を始めた２００９年頃は、お仕事がまだ全然なかったので連載が出来るだけで嬉しかったです。その時から〝書籍化出来ればいいね〟と軽く話していたんですけど、本格化したのは急だったなあ。編集長から〝そろそろ書籍にしましょうか〟と言われて、〝僕でいいのかな?〟と思ったのが正直なところです」

——ちなみに、ムロさんの文体は読点【、】がとても多いですが。

「種明かしをしましょうか。間を表現する時に、中黒【・】を使いますよね。【・・・】とか。でも、パソコンでどうやって出すのかわからなかったんです。それだけ。読点はすぐに見つけたんですよ。だから、読点を代用していたら、読みやすくなってきて。でも、ほかの人は読みにくいって言います。永野(宗典)や本多(力)とか。でも、中黒を読点で表現してもいいじゃないですか。それから読点の多さで間を表すようになったんですよね。〝読点にそんな役割はないよ〟と言われるんですけど、そんな事は知ってますから(笑)」

——ムロさんが書いてきたものは、全体的に〝家族〟への強い想いを感じます。

「願望があるんでしょうね。理想の家族に対する願望が。だから、怖くて家族を作れないんですよ。理想と違った時の失望が怖いから。ただ、多かれ少なかれ、誰でもそういうものを抱えて結婚して、子供を作って、家族になっていく訳で。もうそろそろビビってはいけないなと思っていますが、まだ踏み入れられない領域です。だから、連載の中で理想の家族を出していたのかもしれません。実は、僕は親戚の家で育ててもらったんです。だから、〝辛い〟〝キツい〟という言葉を口にした事がありません。だって、僕が〝辛い〟と言ったら、育ててくれている人も辛くなっちゃうじゃないですか。そんな本心に蓋をするという作業を両親が離婚した4歳ぐらいからして来ました。親戚の家で育ててもらう事になった5歳の頃は、そこで生きていくために凄く考えましたね。だから、あの頃の記憶は鮮明に残っています。どこにタンスがあって、どこに座って、家の前に青いトラックが停まると、父親がやって来るとか」

――その状況を知って、「可哀想に」と言われた事はありませんか?

「〝可哀想に〟と言われない方法を小学生の頃からずっと探していました。僕が可哀想じゃないという事は、親戚も〝コイツを育ててよかった〟と思う訳ですから。高校時代には〝俺にはお母さんがいない〟とわざと言っていましたね。周りはリアクションに困ったようですけど〝親の離婚は悲しい事じゃないんだ〟とずーっと言い続けました。その頃、幸せな家族向けのバラエティ番組があって、家族で頑張ると賞品をもらえる。だから、僕はもうひとり離婚したヤツに〝俺とお前はあの番組に出られないんだぞ〟とみんなの前で言って、〝そうだよな、俺達は出られないよ〟〝お前らは出られるのに、なぜ出ないんだ〟とツッコんだりした事もありましたね。〝コイツらと絡むのは面倒くせーよ〟と言われましたけど、笑いにする事で離婚は可哀想じゃないとみんなに伝えてたんです。そのうち可哀想と思う人はいなくなって、誰かの家に遊びに行っても〝この子は可哀想じゃないんだ〟とそこのお母さんも思ってくれたようです。これには親戚の家に対する感謝もあるんです。あと、僕の負けず嫌いな性格もあったと思います。自分の環境に負けたくないというか。この状況をプラスにしたいというのはずっと思っていました。

だから、ウチの家系で大学に行った人がいないならと、大学に進学した。それに、ウチの家系はテレビでうまくいっている人を見ると〝あの人達はいいよね〟と卑屈になる傾向があるんです。僕はそれが嫌いで。だったら、それを身内がやってみせましょうと。だから、やりたい事をやらないといけないと思って、見つけたのが役者だったんです」

――負けず嫌いな性格でも手が届かなかった事はありますか?

「小さい頃、手をつないでもいい人がいなかったんですよね。今思い返せば、おばあちゃんとはつないでもよかったと思いますけど。でも、誰かに抱きつく事は出来なかったんです。最近、友達の家でお母さんにふっと抱きつく子供を見て、〝あ、俺にはこれがなかったんだ〟と気づきました。だから、その子供に〝お前はいいな、お母さんがいて。俺はそれが出来なかったんだぞ〟と話したら、〝やめてよ、そんな事言うの!〟とその子のお母さんに怒られました(笑)。それでもめげずに〝言わせてくれよ〜。それが凄く大事なんだって伝えたいんだよ〜〟と言ったら、〝それは伝える事じゃない!〟って更に怒られました(笑)。そんな幼少期を過ごしたからなんでしょうね。さっきも言いましたけど、僕には〝本心には蓋をするものだ〟という変な意識があるんです。唯一、さらけ出したのは〝役者をやりたい〟という事。それ以外は、本心に蓋をする作業を成人までやって来たので、〝今度は何がしたい〟〝自分はどうなりたい〟という本心がわからなくなる感覚がいまだにあります。ただ、それがよくも悪くも、今のムロツヨシを形成しているんですよね。本心が出せないという弱点があっても、人前に立ちたいというおこがましい考えを持てたのはそういった経験があったからじゃないかなと。〝そんな自分も笑って下さい〟と言えなかったら、人前に出られないですから。それでも、本心を言葉には出来ないんですよね。言葉にすると、蓋を開ける事になると思うから。そんな中でも、連載を振り返ってみると、自分を他人化する事で本心のようなものを言葉に出来たのかなと思います。『数、ある記憶の中から』であれば、主人公・数に自分の願望をスライドさせる。『どっか、の台本』でも登場する男はほとんど僕自身です。彼らが僕の願望を代弁するのは恥ずかしさはありましたけど、大丈夫でした。多分、こういう連載の形でなければ書けなかったと思います。もちろん、その時はそこまで感じていませんでしたけど。あくまでも、今思えばの話です。僕自身に問いかけられても、〝おばあちゃんとこういう会話をした〟〝こんな親子がいい〟という会話は出来ないでしょうね。インタビューでもトーク番組でも」

——喜劇役者・ムロツヨシのイメージでは考えられない感情や想いが文章化されていたので、毎回驚かされた連載でした。

「自分でも（連載は）そういう場所だと思って、出していたんでしょうね。役者だから、こういう自分もある事をわかってほしいという願望があるのか、ないのか。まだ自分でもわからない変な感覚です」

——ムロツヨシの喜劇に少しだけ切なさのようなものが滲み出るのは、そういう部分が関係しているのかもしれませんね。

「蓋を開けてしまったら、喜劇として笑ってくれとは言えないかもしれません。それに笑いにしないと感謝の形が出て来ないんです。役者をやって、今日もカメラの前に立てる自分がいるのは、本当に育ててくれたおばあちゃんをはじめ、親戚の家族のおかげなので」

——ちなみに、小さな家出をした事はないんですか？

「ないですね。そういう事は僕の前に全部、姉貴がしちゃったから。姉貴は僕より5コ上で、直接色んな苦しみを味わっているんです。僕は一度、姉貴を通したものを受けているから濃度が薄いというか。今思えば、姉貴がやんちゃだったのはしょうがないなと思います。受け入れられないという状況だったので。僕は気が強い姉貴と違って、気が弱くてケンカも出来ない。それで前を見たら、喜劇しかなかった。そう、喜劇しかなかったんです。そういう意味では、本当の喜劇役者としてどうかというのはあります。本当の喜劇役者は人を笑わせて、喜ばせる役者じゃないですか。僕は喜劇役者でありたいと思うけど、喜劇を求めているんです。ただ、世の中に少しでも喜劇を多くしたいという意味で僕は喜劇役者だと名乗りたいし、自分にそういう期待をしたいと思っています。……と、書籍化された連載を読み返して思いましたね。僕が暮らしたおばあちゃんの家も、親戚の家も凄くケンカが多かったんですよ。でも、僕が笑わせている時はケンカはないんですよね、絶対的に。だって、笑っているから。それも笑いしか求めなくなった理由です。笑いがなくなれば、ケンカするきっかけは色んなところにあるような気がして。おかずの位置ひとつでも、酔っ払ったおじいちゃんは皿を割り始めて、ケンカを始めるような人だったから。でも、酒に酔ったおじいちゃんでも笑わせていれば、ケンカにはならない。イライラしないから。僕にとっての笑いの必要性は、ちょっと普通とは違ったんです（笑）。ほっこりなんてどころじゃない。笑いはケンカをさせない、ケンカの芽を潰すための武器。僕にとって笑いは武器だったんです。だから、どうやったらみんなが笑うかを考えてばかりいました。なのに、どうしてお笑い芸人を目指さなかったのかはわからないです。テレビでザ・ドリフターズ、（ビート）たけしさん、（明石家）さんまさん、とんねるず、ダウンタウン、ウッチャンナンチャンを見て、〝うわ〜、凄い〟と思っていたんですよ。でも、〝ああいうふうにはなれない〟とも思っていました。ただ、舞台に立つ役者を見た時には〝あそこに行きたい〟〝ああいうふうになりたい〟と思ったんですよね、直感的に。なぜ、そう思ったのかは40代に入った今もわからないです。その理由を説明出来る蓋はまだ開かないというか。自分が自分に教えてくれないんですよね。その言葉の違いは説明出来るのに」

――これからの役者・ムロツヨシについてはどう考えていますか？

「『muro式.』は継続していきます。自分の城であり、帰る場所なので。ただ、『muro式.10』を2018年にやる事がほぼ決定していますが、そこで一度区切りをつけようと思います。少人数で喜劇のオムニバスをやるという何となく決まってきた事を一度まっさらにしたいなと。ただ、1年に1回か、2年に1回なのか、自分の好きな舞台は継続したいですね。スケジュール的な問題があるんです。1年で頂けるお仕事の量というか、頼りにしてもらえる量が増えてきたので。それでも自分のお城づくりとして『muro式.』をやったほうがいいのかという決断は、来年の『muro式.10』までに考えたいと思います。『muro式.』という方法論は10年継続出来た訳で、次に同じ事をやってもというのが自分の中にあって。変化が必要かなと。喜劇はやると思いますけど、何か違う形にしたいですね。例えば、今まで好きな後輩の芸人さんは呼ばないようにしていたんです。やっぱり役者でやろうと思っていたので。そういう自分のこだわりを取っ払ってみようかなと。『muro式.』の世界観も決まってきたと思うんですけど、喜劇っぽくない映像だったり、ド喜劇みたいな作品をやってみたり、いいところだけ抜粋して5、6人がわちゃわちゃ出演してセットが崩れるような1本もののドリフみたいな事をやりたい気持ちもあったり。そういう意味で、喜劇の継続はしていきたいです。後は、仲がいい役者しか呼ばなかったので、仲良くなれそうな役者を呼ぶとか、舞台でご一緒した事がない女優さん（!）に出演してもらうとか。そこも少しずつ変えていっていいのかなと」

――今の立ち位置だからこそ、やってみたい作品や役柄はありませんか?

「舞台に関しては、しばらく喜劇しかやらないと決めていますけど、映像だったらあります。例えば『重版出来!』のようなドラマとか。喜劇とは違うテイストでしたからね。山下(敦弘/映画監督)さんに〝『重版出来!』見ましたよ、ムロさん。ああいう芝居も出来るんですね。いやー、びっくりしちゃいました〟と言われて。〝出来るよ! あるよ! 役者さんなんだから〟と言っておきました(笑)。映画だったら、『ヒメアノ〜ル』は僕にとって今までとは違う作品でしたね。

喜劇のようでおかしくて、サイコでもあり、残念でもあり。ああいう世界観の強い作品になればなるほど役者としての力が試されるんですよね。僕も喜劇ではない役者欲が強くなっているので、求められれば出たいなあと思います。そうなると僕にとって外せない福田組のやりがいも変わって、厚みが増すんですよね。福田（雄一）組は本気でふざけないといけないプレッシャーとの闘いが毎回だから」

——これからも、ずっと役者は続けていきますよね。

「死ぬまで役者をやっていきたいです。この間、久々に大好きな映画『最高の人生の見つけ方』を観たんです。凄くわかりやすいストーリーで、何ていい話だと思える作品なんですよ。主演はジャック・ニコルソン。当時、71歳。僕もそれぐらいの年齢で主役を演じたいです。それを僕ぐらいの年齢の人に〝ナンバー1の映画だ！〟と言われるような作品にしたいと思います。ただ、僕はまだ映画で主演した事がないんです。そういう意味でも、しっかり代表作となるような映画の主演作を作るまでは、まだまだ一人前と言っちゃいけないと思います。主役が全てではないですけど、必要な経験ではあると思うし。正直、主役をやりたい欲はあるので、その野心はしっかり叶えたいなと。そして、これは冷静に自分を捉えた話として（主役の）お話がないという事は足りないものがあるという訳で。まだムロツヨシに映画の主演をやってほしいという期待がない訳ですよね。新しい自分をさらけ出すのか、魅力を付けるのか、何かを身につけるのか、そういうものがないといけないんだなと思います。だから、しっかり危機感を持たないと。近くにいた（星野）源ちゃんがあそこまで行ったじゃないですか。源ちゃんと僕のどっちが上、下はないけど、源ちゃんに対する期待は凄く大きくなっていると思うので、それに比べたら僕は全然大きくないと思うんです。卑屈になる訳ではなく、冷静に思っています。そういう人とはライバルというよりも、戦友になっていきたいんですよね。役者は仲良しこよしじゃいけないと思うので。だから今、身近な役者でとても大きな存在です、星野源さんは。敢えて〝さん〟付けにしましたけど（笑）」

――歌に手を出そうと思っているんですか？

「え〜、そこに手は出さないでしょ（笑）。僕は歌に手を出しちゃダメ！　喜劇役者として、もうひとつ〝あの人の喜劇を観たい〟という武器が欲しいなと自分に対して思っているという事です。例えば、福田組に出ている自分は認知されて、期待されるようになったけど、こういうものが後ひとつ、ふたつないと往年のスターには敵わないでしょう。言うのはタダなので言いますけど、一流ではなく超一流を目指さないといけないと思うんですよ。芝居が好きだから、この程度で生きていければいいんだという考えにならないんです。植木等さんやザ・ドリフターズとか、喜劇役者として喜劇を作った人達に影響されている以上は、影響する側にもいかないとその人達に失礼、という言葉は偉そうかもしれないけど、やっぱり追いつきたいという欲があるんですよね。だから、〝しっかり一流ではなく超一流を目指して下さい〟と自分に言い聞かせています」

――ムロさんの中で超一流といえる人は誰ですか？

「植木さん、欽ちゃん（萩本欽一）、フランキー堺さん……バリバリの現役では喜劇役者と名乗る人がいない気がします。だから、僕がそう名乗るようになったんですけど（笑）。昔は喜劇役者がいたじゃないですか。だから、ほら、やっぱり、今、植木さんに一番近いのが星野源なんですよ。歌えるから（笑）。源ちゃんなんです。喜劇役者と括らなければ、僕の中の超一流には古田新太さんが入っています。舞台に立っている時の存在感というか。喜劇役者の超一流といったら失礼ですけど、古田新太さん、喜劇もやる役者では超一流。舞台に立った時の存在感で笑わせてくれる役者といえば古田新太さん、阿部サダヲさん……でも、こういうところで文字にすると、〝何で、俺の名前は言わないんだ！〟という先輩も出て来るからなあ。池田成志さんとか（笑）。こんな事言いつつも、僕はまだまだ笑わせていないと思っています。僕自身が笑わせる事が出来たと思った時に初めて〝自分の笑いがある〟というところに行けると思うんですよね。まだそこには行き着いていないです。最低限、それはあってほしいと思いますけど。その笑いを更に膨らませるのか、継続するのか。敢えて捨てるのか。そう判断出来る場所に早く立ちたいです。『muro式．』は9・5で10回やって来たんですけど、自分が笑わせた、自分の笑いがあるとはまだ言えなかったですから。自分が思う笑い声というか、自分が客席にいたら大声を出して笑うだろうというものを作りたいです。作ってからが本当の勝負だと思っているので。そう考えるとスタートラインにも立っていないんだなと思うので、焦ります。もう41歳ですから。だから、〝喜劇役者をやりたい〟〝そう名乗っている〟〝超一流になりたい〟とかデカい事を言って、焦りを隠そうとしたり、自分を焦らせたりしているんですよね。今は福田作品という牧場で放し飼いにされながら遊んでいるだけですから。その柵がなくなったら、自分がないとも思っています。自分の笑いが見つかれば、福田さんの牧場で飼われた時にまた違った事が出来るじゃないですか。ただ、40になった時の一人芝居（『muro式．9・5』）は、僕の中で全然足りないものでしたね。いい経験をしたなあと思いますけど〝人を笑わせたか？〟と問われたら、もっと出来たなというのが正直なところです。もちろん、やらなければよかったという話ではないですよ。あれが今の僕の全力だったと思いますから。僕の中にある本当の野心は、〝自分の笑いがある〟とハッキリ言う事かもしれないです。まだそんな状態だから、恩師のきたろうさんにも〝まだ面白くない〟と言われます。その時、僕は悔しいと思うだけなんですよね。もし、〝自分の笑い〟が見つかっていたら、きたろうさんの言葉を〝まだまだですね〟と冷静に受け止めて、ちゃんと自分が足りないところをお話出来たと思うんです。あの人、影響力があるんですよ。あんなにふざけているのに（笑）。あの人は僕に対して〝お前は役者をやめて、タレントになれ。そのほうが面白いから〟と叱咤激励します。それが僕に痛いほど響くのを知っているんですよ。〝ムロ、面白いよ。テレビに出てたら。それでいいじゃん〟と。これ、失礼な意味でタレントさんを捉えている訳じゃないですよ。ずっと役者をやって来た人間に〝タレントでいいじゃん〟と言うのは職業を変えろという事ですよね。それはまだ認められていないという事だから、悔しいです。これがムロツヨシ41歳の現状なんです。本を出しても、これが現状です。師匠が全く認めていない役者です」

――いい師匠ですね。

「認めたくないですが（笑）。師匠にとって、僕はいつも0点ですけど。だから、まだまだやる事がいっぱいです。ずっと背中を見てきた舞台出身のちょっと上の先輩である堺雅人さん、阿部サダヲさん、大泉洋さん、古田新太さん達が僕の年齢の時にもっと楽しそうに仕事をしていたという意味でも焦っているのかなあ。仕事量ではなく、やりがいを持ってやっていたというか。自分を奮い立たせるためにそういう比較をする事はありますね。堺さんと大泉さんは『アフタースクール』、サダヲさんは『大奥』以来、同じ作品に出演した事がないんです。古田さんは『勇者ヨシヒコと魔王の城』で一緒でしたけど、絡みはなくて。そしてもうひとり、この本だから書き残しておきますけど、実は一番尊敬している役者さんの名前をずっと隠しています。出会ったのは20年ぐらい前。ほぼ泣かされたといってもいいと思います。人前に立つ恐ろしさを教えて頂いた方ですね。〝芝居なんて、うまくなるな〟〝芝居がうまいという意味がわかっているのか？〟と根本的な事を言う方です。ただ、僕にとっていい芝居、好きな芝居というのはその人の影響が大きいと思います。その頃、自分の中でもやもやしていたものにピントを合わせてくれたというか。心底、納得したんですよね。これがいいんだと。ただ、その芝居に行き着くためにどういう過程を辿ればいいのかは誰も教えてくれない。そこは自分で考えなさいというのを含めて、その方は僕の師だと思っています。その方と共演するまで、絶対に名前は言いません。だから、ここでも名前は明かさないんですけどね(笑)。その方と共演して笑わせるか、呆れられるか、結果はどっちでもいいんです。ただ、その方と中途半端に関わる役柄であれば、中し訳ないですけどお断りさせて頂くと思います。偉そうですけど、それだけは言わせてもらっていますす。僕はその方と共演するために、自分の意思でその方の近くから離れたので。共演する時には一人前というか、役者として立っている時だと思っているので。その時、僕の役者観はまたひとつ変わると思います」

――最後に初書籍への想いをお願いします。

「連載が書籍化されて『ムロ本、』となり、本当に嬉しく思っています。ここだけでさらけ出している自分がいるからです。照れくさいんだけど、そこが面白いなとも思っています。カッコつけている部分も、カッコつけているふりも、カッコつけなきゃいけない理由も、笑われたい理由も、笑わせたい理由も詰まっています。これで、全部。真実のムロツヨシを詰め込みました。読んでくれて、ありがとう」

終、

【ムロツヨシ】

１９７６年神奈川県生まれ。99年に作・演出・役者として活動を開始。
現在は映画、ドラマ、舞台とジャンルを問わず活躍中。
２００８年から始めた舞台『ｍｕｒｏ式．』では、脚本・演出・出演もしている。

ムロ本、

著者・ムロツヨシ

協力
新井浩文
福田雄一
若葉竜也
永野宗典（ヨーロッパ企画）
本多力（ヨーロッパ企画）

デザイン：落合慶紀（Garage Ltd.）
撮影：京介【能舞台／ムロ×新井／若葉×永野×本多】
執筆：あらいかわこうじ【ムロ×新井／福田／ムロ】
鷲頭紀子【若葉×永野×本多】
校正：草樹社
ＤＴＰ制作：山澤和佳、松永悠里（アレックス）
編集：船田恵

アーティストマネージメント：
田村幸司（アッシュ・アンド・ディ・コーポレーション）

Special Thanks
muro式. スタッフ／きたろう

2017年4月10日　初版発行
発行者：横内正昭
発行所：株式会社ワニブックス
〒150-8482　東京都渋谷区恵比寿4-4-9 えびす大黒ビル
TEL.03-5449-2711（代表）

印刷所　大日本印刷株式会社

ISBN:978-4-8470-9542-9

ワニブックスホームページ　http://www.wani.co.jp